JN278776

性犯罪被害にあうということ

小林美佳

性犯罪被害にあうということ・・・目次

このページを開いてくださった「あなた」へ

二十四歳の夏、私は見知らぬ男二人にレイプされた。道を聞かれ、教えようと近づいたところを車内に引きずり込まれた。犯人はいまも、誰だかわからない。

その夜から、私は生まれ変わったと思って過ごし、放たれた矢のように、何かに向かって飛び出した。

翌朝から仕事にも行った。警察にも行った。ズル休みもしたことがない。痴漢にあうと吐いてしまう。電車に乗っている人が、羨《うらや》ましい。帰り道は怖くて足が竦《すく》んでしまう。気がつくと、涙が流れている。
家族や恋人には、私を護《まも》れなかった責任を押しつけた。

そんな自分と、うまくつき合っていくしかなかった。

私にできることを考えては行動し、同じ被害者の相談を受けているうちに、活動の場が広がってきた。

気がつけば七年。

あるシンポジウムで、発言する機会を与えられた。

実名を出し、ニッコリと挨拶《あいさつ》をして、犯罪被害者とは……と自分の経験を話した。

自然なことだと思っていたのに、なぜかその反応は大きかった。

新聞や雑誌、テレビ……問い合わせをたくさんもらった。

『そんなに目新しいものなの？』

雑誌で大きく取り上げられると、性犯罪被害者からは「ありがとう」、友人からは「無理しないで」、兄弟からは「強いな」などと言われた。

両親からは……。

事件後、母が私に言った言葉。

「もう誰にも話さないでちょうだいね」

この一言が、ずっと私の頭に残っていた。

社会や周りの人たちから思い知らされた常識や厳しさ。

変わってしまった身体《からだ》・考え方やものの見方、家族や恋人・友人との関係。

「私は何ひとつ、恥ずかしいことも悪いこともしていない」

隠すことなんてないはずだ……。

それなのに……いままでの私の生活をすべて否定されたように感じ、自分の存在さえも否定してきた。

一日たりとも事件の影響を受けずに過ごした日はない。もちろん、忘れたことも。

私にとっては、レイプされたという事実は、過去のことでも乗り越えたことでもない。

「私」という人間を構成する一部になってしまったのだ。それに伴う感情も、身体反応も。

誤解を招きそうなので伝えておきたいのが、これは寂しいことでも辛《つら》いことでもない。だから、消す必要も、忘れる必要もない。乗り越える必要もない、ということ。事件にあうということが人の身体の構成には必要のないものであることも確かだと感じている。ないことのほうが望ましいと思う。少なくとも、喜ぶべきことではないから。

両親の前では、泣き言も許されなかった。私も辛いかもしれないが、親だって辛いんだ、その言い合いで、衝突ばかり。

分かってほしくても、どんなに説明しても、お互いに自分の気持ちで精一杯だった。

「レイプされたのは、私だよね」

理解しあえない憤りは、膨《ふく》らむ一方。

インターネットで、性犯罪にあったという子たちと出会った。みんな、同じように苦しんだり、社会に見放されたような気持ちを味わっていた。理解してもらえなくて、こっちを見てもらえなくて、疎外感を持って憤っている人ばかりだった。

不満をぶちまける場所じゃない。信じられなくなったものをまた信じようとする仲間がいた。

「犯罪被害者支援」なんて聞くと、弱い者の同情買いのような印象を受けやしないか。「えっ」と、少し引くような、怖いような。少なくとも私は今でもそんなイメージを持っている。私が伝えたいことは、そんなに大それたものではない。支援もできないし、答えも出せない。ただ、被害者に対して視線を向けるときのほんの入り口として、読んでほしい。

知ってほしいだけなのだ。

あってはならないことだけど、もしも近くにいる大切な人が犯罪に巻き込まれたとき……。「どうしよう」とうろたえたり、被害者の感情が「解《わか》らない」と投げ出したり、「元気出して」と表面的な励ましの言葉をかけたりするのではなく、〝こんなことを言っていた被害者がいたなぁ〟と、思い出してもらえたら。この手記が、ひとつの理解に繋《つな》がっていけたら嬉《うれ》しいと思う。

「理解」

これが、私が願うたったひとつの、とても強力な被害者への支援である。

大切なのは、制度でも警察でも支援団体でもお金でも復讐《ふくしゅう》でもない。近くにいる人の支えや理解なのだ。しかし、身近な人が犯罪や被害にあったとき、それを実行に移すのは容易ではないはずだ。相手を思えばこその気持ちが募れば募るほど、被害者本人の感情とすれ違ってしまうはずだから。「そんなわけないじゃない」「私には関係ない」と思わず、頭の片隅に留《とど》めておいてほしい。

私が最も遺憾に思うことは、「被害者って、こんなに苦しいんです！」と訴えること。この記録が、そうとらえられないことを願いながら、書き始めた。

同情を買いたくないことだけは、先に伝えておきたい。

事件

二〇〇〇年八月三十一日午後九時。

司法書士事務所での勤務を終え、自宅の最寄り駅で電車を降りた私は、一人暮らしのアパートに向かって泣きながら自転車をこいでいた。私の住んでいたアパートは、私が生まれ育った実家と同じ市内にある。「三億円事件」でも有名な、東京とは思えないほど環境も福祉も整った裕福な市である。私はそこで過ごした二十四年間、治安が悪いと思ったことは一度もなかった。

一週間ほど前に、三年間つき合っていた彼と喧嘩《けんか》別れをしたばかりだった。私は失恋して一人きりになると、いろいろな考えを巡らせ、悪いほうへ悪いほうへと落ちこんでいく癖がある。とくに仕事を終え、電車を降りて緊張が解け、駅から自宅に向かう自転車に乗った瞬間が一番危ない。そのときも彼のいない寂しさにどっぷり浸《つ》かり、泣きながら自転車に乗っていたのだった。

気分転換に少し時間をとって、公園の周りを走って帰ることにした。真っ直《す》ぐに行けば早いはずの帰り道を右に曲がると、T字路に突き当たる。そこに大きな四輪駆動車が止まっていた。いまでこそこんなふうに書けるが、何もなければそこに車があったことなど気づかなかったと思う。だが、その日はそうはいかなかった。

T字路を左に曲がろうとした瞬間、

「ねぇ！」

と車の運転席から男に呼び止められたのだ。

「道教えて」

と、道を聞かれた。

私は普段からよく道を聞かれる。しかしその日は、泣いていたこともあったし、軽々しい呼び止め方が気に入らなかったが、自転車を止めてしまった手前そうもいかず、とりあえず適当に答えることにした。

「○○駅ってどっちですか？」

「あっち」

「え？　わかんないよ。悪いけど、地図で教えて」

今の教え方でわかるわけがないか……と思いながら、自転車を降り、男が広げていた地図を、運転席の窓から覗《のぞ》き込んだ。私より年下に見える、いかにも軽そうな痩《や》せ型の茶髪の男だった。

「あれ？　泣いてるの？」

男が尋ねる。無視した。

「どうしたの？　なんかあったの？」

「いいえ。なんでも。○○駅は……いまここだから、あそこの道を……」

と、通りを指差そうと振り返ると、背後に大きな男がいた。自転車のハンドルに掛けていたはずの、私のカバンを手にしている。

『新手のひったくり？』

見ると、車の後部ドアが開いていた。茶髪の男と大男がグルであると、とっさに思った。

カバンの中には、仕事で翌日提出しなければならない書類が入っている。失《な》くしたりしたら信用問題にかかわる。

「ちょっと！！！！」

その大男を追いかけた。そいつはカバンを持ったまま、四輪駆動車の後部座席に乗り込んだ。私は、カバンを取り返すため、手を伸ばした。そして男に手を掴《つか》まれ、車内に引っ張り込まれた。

一瞬だった。どんなふうに、なんて覚えていない。

いつのまにか、後部座席に押し倒され横になった私は、タオルのようなもので目隠しされ、顔全体を押さえられていた。男が私のお腹《なか》の上に乗っている。息もままならなくて、もがいた。

「静かにしろよ！　怪我《けが》したいのか！」

耳元で、「カタカタカタ」という音がした。それがカッターの刃を出し入れする音だと、すぐに解った。

『殺されるの？　死にたくない』

そんなことしか頭に浮かばなかった。

大声なんて、出ない。出せない。出し方を忘れてしまったように。暴れようと思って力を入れても、身体が動かない。カッターに触れるのが怖かったのもある。押さえられて動けなかったこともある。でも、不思議なことに、自分の身体なのに、どう動いていいのかも分からず、金縛りみたいに動けなくなっていた。うるさいくらいの音量で音楽がかかっている。

胸を触られ、全身に鳥肌が立った。

ズボンのベルトが切られるのが分かった。この後、一瞬の記憶が消えている。シャツのボタンを弾《はじ》かれたのは、まったく覚えていない。ズボンと下着が下ろされたことも。暴れたのか、硬直していたのか、それすらも。

解放されるまでの記憶はすべて聴覚のみである。私は何をしていたんだろう。無抵抗だったのか……。身体の記憶がない。

「うわ！　マジかよ！」

「おい！　こいつ生理だぞ！」

「ばか！　（車が）汚れんだろ！　やめろ！」

二人の男が言い合いをしている。夢の中のような聞こえ方だった。そうだ。私は生理中だった。ほんの少しだけ、期待した。夢なのかな、生理なら解放してもらえるんじゃないかって。

その期待をうち消すように、

「関係ねぇ。もったいねーし」

という声を聞いた。

そして、奴《ヤツ》が入ってきた。

このとき、一度だけ、大声で、叫んだ(ような気がする)。出たか出ないか分からないその声と一緒に、それまでの二十四年間を過ごしてきた私が、消えた。学生時代の勉強や、部活動、友達づき合い、すべてが洗い流されたように感じた。

「水の泡」「全否定」。そんな気がした。

そして、抵抗する気力も、声も、感情も消えた。歯を食いしばって「やり過ごす」という言葉がちょうどいいかもしれない。思考能力がゼロになって、頭の中が真っ白になった。

「抵抗できたはず」「大声を出して逃げることもできたはず」

そんなことは、机上の空論。理想論。できない。自分の身体なのにできない。

医学的・心理学的にどうとかは分からないが、横断歩道を渡っているときに凄《すご》い速さで自動車が走ってきたら、自動車に気づいた瞬間、「はっ」とそこで立ち止まってしまうのではないか。そのまま歩き続ければぶつからないで済むものを、まるで自動車とぶつかるのを待っているように。〝足が竦《すく》んで〟というより、きっと足を動かすことさえ思いつかないだろう。そんな感覚だ。

「どうだ？」

足のほうから声がした。そいつが何をしているのかは、考えたくもなかったが、何かを入れられ、いじられているのが解る。

「ここか？」

「感じるか？」

「いいだろ？」

男は私にしきりに何度も問いかけてきたが、答える気も聞く気もなく、騒音のような音楽の中に声が消えていった。

そんななか、ずっと『生き残りたい』と祈っている自分がいた。これが本能なのか。『もうどうにでもなれ』『生きていく価値がない』という気持ちが芽生えてくるのに反して、私は『死にたくない』『殺さないで』と願い、いまもこうして生きている。

『入れられているのも、触られているのも、私ではない。何かの間違いだ』

真っ暗な、大きな音が聞こえる中で身体が硬直している。感覚も感情も、何もなかった。痛みだけを、うっすらと覚えている。そして『早く終われ』と思う半面、

『終わったら、私はどうなるの?』

という恐怖や不安が湧《わ》き上がってきた。無事に解放される保証はない。一瞬一瞬に常に私は二つの相反する願いと不安を感じていた。

『早く終わって……。放して!!!』

「いくぞ……!」

男が射精を終えた。うなり声をあげている男に対して、

『こいつバカだ』

と、思った。

二人の男の会話が聞こえた。

「お前は？」

「俺はいい！　車が汚れんだろ！」

運転席にいた男は、生理の私を、嫌がったようだった。私は改めて、殺されるのではないかという不安と恐怖に襲われた。

『死にたくない』

「ほら降りろよ！」と車のドアを開けられ、外に出たとき、私はちゃんと服を着ていた。男の行為が終わった後、私は驚くほど冷静に服を着た。目隠しもはずされていた（はずした？）。私が車の中で見ていたのは、自分の膝《ひざ》と、カバンだけだった。

私は道に投げられたカバンを拾い上げ、それを抱えて歩道に立っていた。車はいつのまにか、いなくなっていた。

『生きてた』

『生きて解放された』

と、喜びすら感じていたかもしれない。私が車を降りたその場所は、道を聞かれた場所から数メートルしか離れていなかった。時間がどれくらい経《た》ったのか、車が動いていたのかも、まったく解らない。人がいないか、キョロキョロした。いてほしかったんじゃない。誰にも見られたくなかった。誰もいなかった。安心と悔しさが同時に湧いた。

少し離れたコンビニに出入りする人影も、その前を行き来する車も、普段と変わらない光景。誰も私に気づいていない。私の自転車も、同じ場所に止まったままだった。この自転車は、私が遠くまで初給料で買いに行った、当時お気に入りの愛車だった。

私はカバンを左のハンドルに掛け、胸のはだけたシャツを押さえて自転車を押して歩き始めた。『お金やカバンを取られなくてよかった』と、どうでもよさそうなことを考えていた。二十メートルほど先にある、公園内の公衆トイレに向かっていた。

車を降りてからずっと、夢じゃないかと思っていた。だって、周りは何も変わっていない。自分の身に何が起こったのか確かめたかった。トイレで下着を下ろして、愕然《がくぜん》とした。生理だったのは良かったのか悪かったのか……。下半身からお腹にかけて、血だらけだった。シャツにもついてる。胸にも血がついていた。

『胸、触られたんだ……』

ブラジャーのホックも一つ壊れていた。夢じゃない。生理用ナプキンを便器にたたきつけた。そして、持っていたポケットティッシュを水で濡《ぬ》らし、身体中を拭《ふ》いた。

臭くて汚いトイレだ。誰かのいたずらか、設置されていたトイレットペーパーが大量に便器に詰められている。私は、何度も水を流した。便器から水が溢《あふ》れ出しそうになり、隣の個室に移った。そこで、悔しさと無力感が込み上げてきて、泣いた。

惨めだった。小さなポケットティッシュで身体を拭いている自分を、とても惨めに感じた。


しかし、それは長い時間続かず、ふとボタンを弾かれたシャツを見ると、そこにいることが恐ろしくなってきた。怖くて震えが止まらない。膝がガクガクする。唇も震えていた。じっとしていると震えが気になるので、カバンを前に抱え、自転車をその場に置いて、歩き始めた。切られたベルトは、カバンにしまった。涙は出ていなかった。

『何もなかったかのように……』

人とすれ違うときは、絶対に視線を向けなかった。見られるのが怖かったから。

ふと顔を上げると、先のほうに、パトカーが止まっている。一時停止の違反車取り締まりをしている警察官がいた。

『何でよ……』

こんなに近くに警察官がいる場所で、私はレイプされた。

やるせなく、怒りと、世の中が何事もなく進んでいることへの憎しみ、なぜ私がという思い、気づいてもらえなかった疎外感が溢れてきた。

『私は警察に護《まも》られる資格もないのか……』

悔しさにも似た、寂しい気持ちばかりが膨らんできた。


多くの被害者が、社会から弾き出された、そんな思いを抱えている。そして、自分を護り切れなかったという自分への罪悪感、無力感を持つ。自分の価値を引き下げ、時に自らの命を絶つ。

頭では「加害者が悪い」ことは分かっている。しかし、特に性犯罪の場合、それを表沙汰《おもてざた》にできない風潮が社会にある。被害者たちは『隠さなくてはならない』と被害体験を抱え込み、揚げ句、自分に非があったのではないかという気持ちに苛《さいな》まれ、それまでの自分の生き方や存在すべてが否定されるような心境に追い込まれ、自分自身を否定してしまうのではないか。

私の父は、悩んだ揚げ句に死を選んだ人間に対し、「そんな奴はもともと生きている価値もない。死んで正解」と平気で言ってのける人である。これが正しいのか正しくないのか、私に判断できることではないが、少なくとも私は、このような父に事件の詳細を話したことで、誤解やすれ違いから余計な苦しみを感じ、また、後悔もした。


警察を責める気もなく、後ろめたい気分だった。

『私は一時停止以下』

という、意味の分からない思いだった。そのため、警察官に気づかれるのがイヤで、取り締まりをしている箇所を避け逃げるように、私はただ呆然《ぼうぜん》と歩き続けた。街灯や車のライトに当たらないように、怖いはずの暗闇《くらやみ》を探して、歩き続けた。夜の十時とはいえ、街灯は意外と明るいものなのだと、このとき初めて気がついた。

歩いていると、人とすれ違ってしまう。

『見られたくない、恥ずかしい』

人も通らず、光も当たらない場所を探した。公園の植木の下にあった大きな岩の上に座った。カバンを抱えて、ただ座っているだけ。自分の呼吸の音だけを覚えている。しばらくすると、また震えてくる。

『いつまでもこんなところにいるわけにもいかない。帰らなくちゃ』

ところが不思議と、「帰る」という目的を持ったとたん、歩けなくなった。それまではうろうろと歩いていたはずなのに。『どこに？』『一人で？』と考えると急に怖くなり、どうしたらいいのか分からなくなった。


『誰か助けて』


家族には話せない。友人には荷が重すぎる。とっさに頭に浮かんだのは、別れたばかりの彼「シンちゃん」だった。

『嘘《うそ》だと思われるだろうか……取り合ってもくれないだろうか……電話に出てくれないかもしれない……それならそれでもいい』

結局、「シンちゃん」に電話をしてしまった。

「もしもし？」

電話ごしの彼の声に、涙が溢れ出た。いつもと違う私の様子に気づいた彼は、

「どうしたんだ？　絶対に動くな！　そこにいろ！」

と、私に命じた。

しかし、彼を待つ間も、やはりじっとはしていられなかった。誰かに来てほしいような、見られたくないような、別れた人にこんな情けない姿を見られる恥ずかしさ、関係ない人を巻き込んでいいのかという迷いが加わり、また暗闇を求めて、歩いていた。

公衆トイレにも、もう一度行った。

夢であってほしい、夢なんじゃないかという思いが、そうさせた。

一時間ほど経っただろうか。携帯電話が鳴った。

「どこにいるんだ？」

「公園の周りをうろうろしてる……」

「バカ！　早く分かるところに来い！　コンビニの前に来られるか？」

「うん……」

彼が来た。

泣いている私と、私の服を見て、彼は、

「何かされたのか⁉」

と、驚いた顔で言った。何をされたのか、思い出したくない。

「……されたのか？」

私は頷《うなず》くのが精一杯だった。

「くそっ‼」

彼のバイク用のヘルメットが、道路にたたきつけられた。

「ごめんなさい」

私は謝り続けた。


「警察に行くか？」

「帰るか？」

安心した私は、人目も気にせず、ぐちゃぐちゃに泣いていた。

「わかんない」

「ここにいても危ないだろ？」

「どうしたらいいの？　わかんないよ。警察に話したくないよ」

「じゃあ一緒に家に帰ろう」

「………」

「どうしたい？　お前の好きなようにしていい」

「こんなところで泣いてるなんて恥ずかしいね、ごめんね」

「そんなこといいから」

「どうしよう……。どうしたらいい？」

「話、できるか？」

「警察に……。でも……話すのイヤだよ……。でも……」

何度も同じ会話を繰り返した揚げ句、ひとりの家に帰りたくなかったこともあり、私は警察に行くことにした。

警察署は公園のすぐ近くにあった。

自動ドアを入ると、受付の警察官が、彼に身体を支えられていた明らかに様子のおかしい私を、刑事課に連れていってくれた。廊下で警察官に事情を説明している彼の声が僅《わず》かに聞こえていた。

大きな怪我がないことを確認され、写真を撮られた。血のついたシャツを着て、「いかにもいま、何かありました」といった感じの私の写真を。この血は、私自身のものだった。自分の生理の血を、誰かの手によって服や身体につけられることがあるなんて、想像したこともなかった。カメラを向けられ、まさか笑うわけもなく、ただ呆然と、立っていただけ。正面からと横向きを二、三枚撮られた。フラッシュがまぶしくて、恥ずかしくも感じた。屈辱と感じたのは、後になってからだった。同時に、撮る側の心情も気になった。

『服の乱れた、泣いている人間の写真を撮るというのは、どんな気持ちなのだろう』

「ベルトは?」

と刑事さんから聞かれ、私はカバンから切断されたベルトを出し、手渡した。

「あぁ……」

という刑事さんの声に、また涙が出た。

「ずっと側《そば》にいてやるから」と約束をしてくれた彼と一緒に、事情聴取を受けた。私は泣いている。彼を巻き込んでいるような罪悪感や申し訳なさもあった。彼には一生頭が上がらないと感じていた。

何を聞かれても、答える気にもなれず、話にならない。

「今日はやめとく?」

女性の刑事さんが気遣ってくれた。彼には席を外してもらった。

「何をされたの?」

この質問にどう答えたらいいのか戸惑った。〝レイプ〟という言葉を口にするのが怖かった。

しばらく考えて、

「何かを入れられた」

と答えた。

「陰茎?」

「違うと思う」

私は嘘をついた。

「どうして分かるの？」

と聞かれ、一瞬言葉に詰まった。

「だって……、初めてじゃないですから」

「何を入れられたの？」

「そこまでは分からない。でも違う」

事実、人体ではないものも入れられ、弄《もてあそ》ばれた。それは確かだった。それくらいのことは、解る。

「じゃあ、何かでいたずらされたんだ。おもちゃか何か？」

「解りません。でも、すごく痛かったし、私、今日生理だから、嫌だったんじゃないでしょうか」

事実と嘘が、めちゃくちゃだった。聞いて助けてほしい気持ちと知られたくない話したくない思い出したくない気持ちが交ざり、中途半端な証言になってしまっていた。警察というよりは他人に対する防衛本能、拒否感は自然に芽生えていた。たとえ相手が警察とはいえ、初対面の人をいきなり信用することができなかったのかもしれない。冷静に、いま起こったことの順を追って話せるほど気持ちも落ち着いていなかった。自分にさえ、夢だと言い聞かせていたのだから。

「何を入れられたか分からないんじゃ、もしかしたら陰茎かもしれないよね？病院、行っとこうか」

「病院？」

「行きつけのところがあれば、そこに行くけど、どこがいい？」

「行きつけのところはありません」

「じゃあ、私たちが手配するから……」

警察の車で、都立病院に行った。彼も来た。歩いたことも覚えていない。刑事さんが、病院の受付の人に事情を話しているようだった。

時間も遅かったので、救急外来だったと思う。

刑事に導かれて、肩を抱かれた私が病院に入っていく様子は、他の患者にはどう見えたのだろう。

「痛――――い！！！」という声が聞こえるなか、私が救急で診察してもらう意味があるのかどうかも分からないままだった。

産婦人科の先生は、

「もう時間が経っているから……一応消毒しておくけど、これで避妊できるわけではないから」

ということを、三度ほど繰り返して言った。

「いやならやめておく？」

「とりあえずの消毒だからね」

、、、、、、、

としつこく言いながら消毒する。もっと他にものの言いようはないのか。

私があのとき、警察で本当のことを話さなかったのがいけなかった。現在は、レイプケアキットや、性犯罪対処マニュアルに加え、アフターピルなどもあり、性交後七十二時間以内であれば、最悪の状態である妊娠という事態を防ぐことができる。一〇〇％とはいかないが、九八％くらいまでは防げるといわれている。

何も知らずに諦《あきら》めてしまうよりは、できるだけの手を尽くして、被害を最小限に抑えたい。

まずは、性犯罪被害にあわれた方に、このような事実だけでも知っておいてほしい。大切なことである。

ショックで感情が固まったり、冷静さを失って外出する気力など起こらないかもしれない。他人と話すのも怖いかもしれない。でも、何よりも大切なのは、自分の身体であるはず。妊娠してしまったことで、さらなるショックを受け、生きる気力を失ったり。また、誰にも話さずに耐え続けた方がいるとしたら、妊娠という事実で、他人に気づかれたり、話さなくてはならなくなることも起こり得る。そして、被害後に将来を見すえた行動を起こすことで、精神的な回復力も大きくアップするはずだ（統計的なデータでも何でもない。しかし、私の経験と、周りの被害者たちを見てきた、私なりの確信ある結論である）。

女性だけではなく、大切な人を守るためにも、広く、このような情報を知ってもらうことが必要なのではないだろうか。

医師はその説明を、被害者には丁寧にするべきである。「一応」「とりあえず」

「無駄」こんな言葉を並べての説明なら、ないほうがマシである。

そしてまた、被害にあった人が、そのような医師や病院の情報を得ることも、重要なことであるはずだ。

産婦人科でのとりあえずの消毒が終わった。治療費は、自分で支払った。少し、悔しさを覚えた。

警察に戻り、また後日話をする約束をして、その日は帰ることになった。私の愛車が、署内の廊下に止められていた。彼が、事情聴取の間に持ってきてくれたそうだ。自転車では帰せないと、愛車はしばらく警察に預かってもらうことになった。

その後、私はどうやって家に帰ったのだろう……。まるで思い出せない。

帰宅したのは、午前四時を回っていたと思う。

なぜこんな時間になったのか……。駅に着いたのが午後九時、彼に会ったのが十時半か十一時だとしても、警察にいたのは五時間ということになる。ここに書いたことがすべてとしか記憶がない私には、時間が余り過ぎるのではないか。

　部屋に戻った私は、一人で眠ったのだろうか……。

　私は六時に起きて、仕事に行った。長時間泣いていたせいで瞼《まぶた》が腫《は》れ、ひどく不細工な顔だった。彼も仕事だったので、朝、目覚ましついでに謝罪の電話を入れた。

「お前、仕事行くのか？　こんな日くらい休めよ……」

　そんな返事が返ってきたが、仕事を休む理由が見つからない。

「こんなことで仕事を休んでいいの？　なんて言って休めばいいの？　ホントのことなんて言えないよ！」

「体調悪いって言えばいいだろ？」

「なんで嘘つかなきゃいけないのよ！」

「じゃあホントのこと言うのか？　そんなことまで正直に言わなくたっていいだろ!?」

「ごめんね、ありがとう」の電話だったつもりが、喧嘩になってしまった。

私は、職場に欠勤理由をどう伝えていいのか分からなかった。風邪だと偽ればよかったのかもしれない。難しいことではないはずなのに、できなかった。優先すべきものが、私にはいまでもわからない。

結局、私は事件後、事件のショックを理由に欠勤することも遅刻することも一度もなかった。

今考えると、「事故にあった」とでも言えたはずだ。しかし、そのときの私には、事件のことを隠すことや、言えないことへの疑問や反感、悔しさがあり、事件そのものを偽って伝えることに抵抗があった。どこまでを他人に話し、どこからを隠したらよいのかの判断がつかず、本当は誰かの口から休む理由を伝えてほしかった。

職場に行くと、

「瞼が腫れてるけど大丈夫か？　具合でも悪いのか？」

と聞かれてしまった。

「昨日彼と喧嘩して泣いちゃったんです」

と、また嘘をついた。

「彼氏とよりが戻ったのか？　よかったじゃないか」

複雑な気分だった。

私はいつまで、他人に負い目を感じながら、こうして嘘をついていくのだろう。加害者でもないのに。そして自分を否定し嘘をつくことが当たり前になっていくことが、悔しく思えてきた。悔しい気持ちでいっぱいだった。道を教えた男たちに裏切られた悔しさ、嘘をつかなければならない悔しさ。自分を護《まも》れなかった悔しさ。しばらくは、その「悔しさ」だけを感じて生活していた気がする。


現場検証のため再び警察に行くまでの間、泣かないでいられた日はなかった。ところが、事件の翌日から数日の記憶が、いまでもはっきりしない。確かに仕事には行っていた。遅刻も休みもせず、たまにトイレで泣いたりしていたことを断片的には覚えている。

それまでマメに連絡を取っていた友人とのやりとりがあったのか、食事はどうしていたのか、彼氏とはどうしていたのか。

後に書くが、事件後つけていた日記を見ても、私の行動が思い出せるようなことは何一つ書かれていない。

時間と一緒に流れていくことのない「悔しい」という感情だけが、毎日変わらず私の中にあり、それがすべてだったように思える。


約束どおり、事件後最初の土曜日、私は再び警察に足を運んだ。事件の日が木曜日だったから、二日後ということになる。

「足を運んだ」というよりは、身体が足に運ばれた感じだろうか。身体が、じっとしていることを拒《こば》んでいた。いつも何か落ち着かなくて、じっとしていると身体の震えが気になって仕方がなかった。警察に誰かと一緒に行くことは考えなかった。警察との約束を守り、一人できちんと行動することで、私は平静を保とうとしていた（のかもしれない）。

最初の事情聴取に立ち会った女性の刑事さんは、

「よく来てくれたわね」

と迎えてくれたが、私が一人で来たことに驚いたようだった。

「先に現場を見に行くから。ちょっと待ってて」

出されたお茶を眺めながら、刑事さんの用意が終わるのを待っていた。

現場に行くのは、ただただ怖かった。事件のあと、仕事の帰りは明るい大きな通りをバスで帰ることにしていたので、公園には近寄らなかった。


現場に一緒に向かったのは、女性の刑事さんが一人、男性が二人か三人だった。

公園までは、歩いて行った。

こわばっていた私に、前を歩いていた男性の刑事さんが、

「こんにちは」

と、警察手帳を見せてきた。そこには自分の証明写真の上に、「あぶない刑事《デカ》」でおなじみの舘ひろしの顔写真（たぶん、白黒だった）が切り貼《ば》りしてあった。

「えーー？」

と私は思わず笑ってしまった。

「え？　何かおかしい？」

と〝舘ひろし〟の刑事さんも笑っていた。

このとき、私は事件後初めて、笑顔を見せたと思う。「私を和《なご》ませようとしてくれた」その気持ちがとても嬉しかったのを覚えている。警察の不祥事ばかりが取り沙汰されても、このときの刑事さんの配慮を、私は忘れたくない。

事件の現場に着くと、吐きそうになった。私が男に声をかけられた現場。この日は昼間だったので、公園には子どもがたくさん遊んでいたが、間違いなくこの場所で、私は男に声をかけられ、車に乗せられた。

「車はどの向きでどこに止まっていた？」

「この辺です」

と答えると、近くの電柱や歩道からの距離が巻き尺で測られた。

「どんなふうに道を聞かれたの？」

「『ねぇ！』と呼び止められたような気がします」

「あなたはどうやって近づいて行ったの？」

「自転車を止めて……」

「あなたが自転車を止めた場所は？」

「この歩道の上です」

「そのときカバンは？」

「自転車のハンドルに掛けっぱなしでした」

「どこで男に手を掴まれたの？」

「覚えてないけど……」

「人は通らなかった？」

「たぶん……」


そうだ。事件の日の夜、私は警察で現場や事件の概要を話していたんだ……。

事件の日、警察署で泣いていた私に、刑事さんが「いまは公園の周りには大きな車は止まっていなかったよ」と声をかけてくれたのを思い出していた。


現場では、次から次へと質問される。

細部まで覚えてない。それでも、答えればその通りの位置を、巻き尺で測られて、私の行動を何かに記されたりする。

『え!?　ちょっとズレてるかも……』

と、不安にもなった。私の不安を見抜いているかのように、何度も同じ質問が繰り返される。次第に、答える私のほうも、だいたいの感覚で、「ここです」「この向きです」と言葉が出てくるようになった。『私なりの防衛本能が働いてるんだ』と、適当に答えることも何とも思わなくなっていった。

『この人たちは、こんな汚れた私の言うことを信じてくれるんだ』

それがそのときには、安心ですらあった。

二十分ほどで、現場検証は終わった。

事件直後に気が動転している中、一人で現場検証に立ち会ってどこまで事実を伝えられるか、私には解らない。それでも、加害者を見つける捜査をするためには、できるだけ早く、記憶が新しいうちに、警察に行かなくてはならない。その勇気が持てない被害者がとてもたくさんいる。性犯罪の場合、特にそれが難しいのが実情のようである。

警察署に戻ると、「お昼食べようか」と、刑事さんがうどんを取ってくれた。食欲がなく、ほとんど食べられなかった。たくさん残して「本当にごめんなさい」と謝った。

お昼休みだからか、代わる代わる、いろいろな刑事さんが部屋に顔を出し、「今日はよく来てくれたね」と挨拶をしていく。みんなが見守ってくれているような気がして、そのときの私には、温かく感じられた。

昼食後、事情聴取と調書作成が行われた。

名前・住所・職業・年齢などは普通に答えられる。でも、

「何時頃だった？」

「何をされたの？」

「どんな男だった？」

「何を言われた？」

「どこを触られた？」

「どんなふうに押さえられたの？」

「そのときのあなたの手の位置は？」

「もう一人の男は何をしていた？」

「車は動いた？」

「何色の車？　車種は？　ナンバーは見た？」

って聞かれても……。

正直、何も覚えていなかった。思い出すことを拒否していた。というか、何も感じない、何も考えられないなかで起きていたことだったので、「わからない」ことが多すぎる。

それなのに、なぜか質問に答えている私がいた。半分は適当。答えられなくて、責められている気にもなった。

私の話した言葉が一言一句違《たが》わずに調書に書かれていく。何だか怖い気もした。自分の記憶が正しいのかさえ分からなくなっていった。

車の色・形・男の顔……参考資料にといろいろな写真が出てきた。車に至っては、「自動車図鑑」みたいなものが出てきた。ナンバー・色・大きさ・形……いろいろなことを手がかりに調べてくれたが、私は〝大きな四駆で黒っぽかった〟ということしか覚えていなかった。夜だったので、黒なのか青なのか緑なのかも自信を持って答えられなかったため、車種も特定することができなかった。

「この男は、先月同じように車に連れ込んでいたずらした奴。こいつじゃない？」

「違います」

「じゃあこれは？」

「もっと若かったです」

『こんなに多くの人が、被害にあっているのか……』

と、許せない気持ちが募る半面、ホッとする気持ちもあった。

『どこかで、私と同じ気持ちでいる人がいる』と。

その一方で、自分の汚い考えに、嫌気がさしもした。

近日の被害のファイルが三冊（一冊五～六センチあった）も出てきた。私はそれを指して尋ねた。

「こんなにたくさんの人が？」

「市内じゃないけど、都内でね……。市内では最近は一件かな……。この近くのスパで、男が抱きついたり覗いたりして、この辺はいつからこんなに治安が悪くなったのかな……。私がここに来たときは、こんなじゃなかったのに……」

と刑事さんは話してくれた。

すべてが、レイプ犯罪というわけではなかった。


調書ができあがると、突然お金を渡された。

「話してくれてありがとう」代、一万円。病院代は、七千円くらいだったはず。

受け取ってよいものか、迷った。というより、意味が分からなかった。

冷静な人だったら、「どういう意味!? お金でごまかすの!? 私の被害は一万円で片づけられるの？」と思うのかもしれない。でも、そのときの私は、それを素直に受け取った。

『病院代にしてはちょっと多いなぁ』

と、思いつつ。

「こんなの、嫌かもしれないけど……決まりなの……」

と、刑事さんは付け足した。

何が「嫌」なのか、刑事さんが言っている意味が、そのときの私にはわからなかった。

この日は、預けていた私の愛車を返してもらい、明るいうちにアパートに帰った。

その後、警察は私にとって再び遠い場所になった。犯罪の証拠も何もない。唯一あるのは、私の証言だけ。もしも加害者が捕まるとすれば、それは、また誰かが犠牲になったとき。それならば、捕まらないことを願いたいとも思った。

刑事さんからも、加害者らしき人が見つかったときや、同じような事件が起きたとき以外は私には連絡しないことを告げられていた。私自身、男たちの顔を見ることが怖かった。思い出すだけでも動悸《どうき》がしたり、震えたりする。思い出さないように生活することが、私にとっては得策のようにも思えた。

「何か話したいこととかあったら連絡してね」

と、刑事さんは名刺をくれた。私はそれをお財布にしまった。

日常生活

第一反応

私は、事件にあった日から日記をつけていた。事件後、自分の気持ちの整理がつかず、誰にも話せなかった気持ちを日記に書いていた。

それまで私に日記をつける習慣はなかった。どこかに感情を吐き出したかったのか、自分の中に整理のつかない何かがあったのか。

いま読み返しても何が書いてあるのか解らないくらい、まとまりのない、ひどい内容だ。日記というよりは、思いついたことのメモといった感じだ。例えば、

「二〇〇〇年九月一日

あーあーあーあーあーあーあーあーあー。ぶさいく。

いつまで続くんだろう。
彼は困った顔をしていた。ごめんなさい。
あーあーあーあーあー……（二ページにわたって続く）」

「九月二日
生理が終わった。汚い。きたない。きたない」

「九月三日
そういえば毎日彼が来る。別れたはずなのに、ふられたはずなのに。このために私は襲われたの？
うれしい…………」

「九月十六日
もう日記なんて書くのやめた。ばかみたい。
誰も見ないのに。お母さんにもホントのこと言えないし、日記にもホントのこと書けない。意味ないよ」
「十月一日
気持ち悪い。一カ月経った。彼は麻雀に行った。一カ月もしたらどうでも良くなるのかな。もうみんな普通の生活をしてるみたい。私は、気持ち悪い。生理が来た。痛い」

思いつきのうえ、あまり重く受け止められたくないので引用しなかったが、「死にたい」「殺されちゃえばよかった」「死んでたらみんなもっと真剣に考えてくれたかな」と綴《つづ》る日も多くあった。それでも私は自分が死に至らないことを分かっていたように思う。自分が感じていることと、自分を客観視する自分の考えとが同居していた。頭のどこかに冷静さが残っていることが、一番の厄介だと私は思う。被害者のくせに被害者らしく振る舞えない。
この日記を参考に記憶をたどろうと思ったが、あまり参考にはならなかった。

それでも、日記をつけるという作業は、本当は誰かに何かを伝えたかった当時の私の必死な行動だったと思う。

日記は、「シンちゃん」と別れた二〇〇一年五月二十二日で終わっていた。

毎日の生活は、「いつもと変わらない日常」をこなすことで精一杯だった。仕事や社会生活など、周りに他人がいて事件のことを公言できない場での私の生活は、「何かあったと悟られないように」過ごし、それまでと変わらないように見えていたと思う。実際、時間の速さや生活のリズムは何も変わっていなかった。

しかし、一人の時間には、それまでと同じ生活はまったくできなくなっていた。

食べることも忘れてしまう日々が続いた。ひと月で十三キロも体重が落ちた。そもそも、生きる気力を失った人間が、食べようと思うわけがない。辛くて食べられないのではなく、食べる必要がなかった。だからお腹も減らなかった。昼休みは飲み物を片手に、ずっと歩き続けていた。一時間ずっと。

仕事中、私は外回りの仕事があるため電車での移動が多く、一人になる時間が一日のうちに何度か、コンスタントにやってきた。

一人でいる時間は、事件のこと以外、考えた記憶がない。取り憑《つ》かれたようにいつも事件のことばかり考え、汚らわしいと感じる自分をどうしたらよいのか解らなかった。

フラフラしながら駅のプラットホームで電車を待っていると、

『何かのはずみで人に押されて線路に落ちちゃえばいいのになぁ』

と、考えたりしていた。

性犯罪の被害にあったことをきっかけに、命を絶ってしまう被害者もいる。私の場合、自殺はあまり真剣に選択肢に含まれることはなかったようだ。死にたいと思っても自分で命を絶つことができず、事故や病気が突然に起こらないかと思うばかりだった。生きている無意味さよりも、くだらない人間のために命を絶つことを悔しいと感じる気持ちのほうが勝っていたのだろう。最後まで、誰かに任せ、何かをなすりつけたかった。

そして、毎日の生活の中に、行く先のないどうしようもない憎悪が加わった。

普通の顔をして電車に乗っている女性たちに対してさえ羨《うらや》ましさを感じた。嫉妬《しっと》にも似た感情。

『あの人は何も知らないのかなぁ』

『何笑ってんの……？　何がそんなに幸せなの？』

可笑《おか》しいくらい、自分の視線が変わっている。見る人みんなが幸せそうに見える。逆に、

『あんた、襲われたくせに私たちと同じ電車に乗らないでよ』

『かわいそうに。私たちはあなたみたいに汚れてないんだから一緒にしないで』

すべての女性がそんなことを考えているんじゃないかと思うこともあった。異臭を放っている動物のように見られている気がした。被害妄想もいいところなのはいまになれば分かるが、当時の私は外に出て人が集まるようなところにいると、どことなく肩身の狭い思いがした。自分がそこにいることを、いけないことだと感じていた。

どこかに同じように暗い顔をして乗っている人がいないか、いつも探していた。

歩くのもやっとのお年寄りに『あの人はちょっと辛そうだ』と同情してしまうこともあった。そういうときは、とても自分が醜《みにく》く思えた。

男性も女性も敵のようだった。「敵」という言葉は相応《ふさわ》しくないかもしれない。そんなに対等だとは思えていなかったから。

『彼らにとって、私は〝異物〟なんだ』

つまり、私のほうが敵で、邪魔者のような存在に思えた。

地に近い低いところから社会を見ているような気がした。

なぜ？　そんなことはわからない。でも、私は社会にいることが許されない、傷つけられても仕方ないくらいのレベルの人間なんだという思いが常にあった。

だから、

『私には幸せに笑う資格もなく、それを私に気づかせるために事件が起こった』

そう感じていた。

なぜそこまで自分を責め苛《さいな》むのか、理由なんてない。そう感じるのだから。他人に言えない後ろめたさにも似た思いから、ただそう感じていた。

通勤途中、痴漢の被害にあえば、電車を降りてトイレで吐き、泣きじゃくる。事件を思い出しての整理のつかない感情と、またしても〝男〟の対象になってしまった悔しさと……。

触られた怒りなんて感じない。自分は痴漢されて当然な存在くらいにしか思えないから。

トイレで泣くときは、声を出しちゃいけない。それが私のルールのようにもなっていた。駅のトイレから嗚咽《おえつ》する声が聞こえてきたら、それを聞いた人は不気味だし驚くことだろう。ハンカチを口に当て、歯を食いしばる。声を出さない泣き方も、自然に覚えていった。

ここでも、羞恥心《しゅうち》や世間体などの常識を気にする気持ちと、津波のように蘇《よみがえ》ってくる感覚とのバランスが上手《うま》く取れず、どちらも優先することができなかったし、どちらも表現することができなかった。ただ身体が何かを覚えていて、それを感じ、症状が現れてくる。吐いたり震えたり頭の中が真っ白になったり……これが私の主な身体症状だった。

些細《ささい》なことが引き金となり、自分では制御できない感覚が溢れてくる。

事件から二年近く経った頃、渋谷の東急ハンズで買い物中に、誰かも分からない奴から精液をかけられるいたずらをされたことがあった。

ショーケースを覗いていた私の背後に何か当たった感じがして、腰を手で確認しようとすると、そこには液体がべったりとついていた。それが精液だと気づいたとたん、事件のときの固まった感情が、固まったまま蘇った。

ふわっと頭の中が抜けたように思考が硬直し、身体が震え始める。一緒にいた彼（後の夫）は、何もできずに、ただ見ていた。泣きながらトイレに行く私をどうしようもできずにいた。店員も、遠目からその様子をちらちらと見ているだけだった。

『どうして私をそんな目で見るの？』

『やっぱり、誰も助けてくれないの？』

『助ける価値もないの……？』

『なんで私なのよ……？』

いつもそんな歪《ゆが》んだ気持ちになり、また事件のことを思い出すのだった。何もできないでいる周りの人間に恨みを覚えることさえあった。

ほんの少しのいたずらや痴漢行為が、私には人の何倍にもダメージになった。いたずらをした人間がもしも人の困る顔を見たくてするのなら、その期待には大いに応えていただろう。

蘇ってくる感情について、時間を追って少し書きたいと思う。正確に言えば、「感情」という表現は適切ではない。感覚とか反応、症状というほうが近いかもしれない。

まず、引き金となるのは、事件を連想させる状況である。例えば、暗かったり、大きな音を聞いたり、性的な言葉を聞いたり……(私がレイプされたときのことを、できる限り「事件」という言葉に置き換えるのも、少なからず「レイプ」という言葉に嫌悪感が残っているからだ)。

しかし、実際はそれだけではない。そんな引き金やきっかけなどなくても突然、それはやってくる。津波に呑《の》み込まれるかのように、目覚めたとき・電車に乗っているとき・歩いているとき・トイレに行ったとき――いつでも構わず突然、発作のように事件のときの諦め感・恐怖感・絶望感に襲われ、思考が停止してしまう。

「あり得ない」ことだが、再び襲われているかのように、身体が硬直し、あの大きな音楽や男の声が聞こえたりもする。フラッシュバックと呼ばれる現象がこれ。映画を観《み》ているように映像が思い出されることもあれば、そのときにタイムスリップしてしまうかのように再体験にも似た感じになるときもある。

私の場合、事件のときに視覚が遮《さえぎ》られていたので、フラッシュバックが起こるときは、目の前が真っ暗になる。そして、身体が硬直し、何かが過ぎ去るのを待っているような感覚に襲われる。たぶん、『早く終わって』と願っていたあの感覚だ。

そんなときは、トイレなどの一人になれる場所で、ただただその感覚が過ぎるのを待つだけ。とても長い時間に感じるが、多分、そんなに長い時間ではない。いつも、時計を確認するが、十五分もすれば呼吸も整っていた。

もちろん、引き金があるときもあった。先にも書いたが、痴漢の被害にあったとき・夜暗い時間に道を歩いていて、大きな四輪駆動車を見たとき・ライブやコンサートのように、暗い場所で大きな音が鳴っているところに行ったときなど。「シンちゃん」が友人と車で私を迎えに来てくれたとき、その車が大きな四駆だった。私は乗ることができず、しゃがみ込んで泣いてしまった。「ちかん」や「えっち」など、他人の口から〝性〟を連想させる言葉を聞いただけでもその感覚は起こる。

私の場合は毎月やってくる生理が引き金となり、始まってから終わるまでの一週間近くは、トイレに行くこともイヤで、膀胱炎《ぼうこうえん》になりかけたこともあった。トイレで生理用品を投げつけたり、シャワーでずっと身体を洗っていることもあった。

そうした感覚の後には、思考が停止する、いわゆるボーッとした時間がやってくることがあった。何分で終わるとか何時間もとか、計ったこともないが、毎回その時間は違っていた。電車で降りる駅を乗り過ごしてしまったり、仕事後、帰宅途中にフラッシュバックが起こり、気がついたら夜が明けていたということも珍しくなかった。仕事や生活に支障がないように、私は電車に乗って移動するときなど、目的地に着く頃に携帯電話のアラームが作動するようにセットしたりしていた。

毎日必ずそんな身体症状が出、精神的に不安定な日が続くことが当たり前のようになっていった。

でも、自分の頭がおかしいとは一度も思わなかった。「いま」が事件当時とは違うことの判断はついていた。『いまは大丈夫だ』『いまは襲われてはいない』という認識があるため、その苦痛が持続して抜け出せないことは、少なくとも私にはなかった。社会に出ている間は、問題なく仕事をこなせていた。たとえ気持ちがついていかなくても、やるべきことはやっていたのだ。

強い不安や身体症状、フラッシュバック……。私が呈した症状は、まさにPTSD（心的外傷後ストレス障害）だったのかもしれない。私は精神科を受診していないが、類似しているなぁと思う点はいくつかあった。しかし、

『これに当てはまるから何？』

『ＰＴＳＤだから何？』

というのがいまの私の感想である。


昨今、人質事件や凶悪事件の後、被害者に「ＰＴＳＤの疑い」（もしくはＰＴＳＤを発症する危険性）があるため、専門カウンセラーがカウンセリングを行っているということを耳にする。そんなニュースに接するたびに思う。

『発症するに決まってんじゃん』

私が思うに、むしろ発症して当たり前。発症しなかったらラッキーぐらいのものである。しかし、どうやらその私にとっての〝普通のこと〟が、世間では普通でないらしいことに気づいたのは、最近になってからである。

わざわざ名前をつけてくれたのはありがたいが、名前ばかりが先行して、どれだけの人たちが内容を理解しているのだろう。

フロイトとブロイアーの研究報告によると、当時「精神障害者」と呼ばれていた人たちは、幻想や幻覚などの精神病症状を呈しているときも、脳の片隅に鋭く「冷静な観察者」が座っていることが頻繁にあったという。彼らには明瞭《めいりょう》な思考があり、「わざと発病を抑えなかった」。

つまり、『私おかしくなってる』と理解していながら「おかしい自分」を見せていたことになる。

おそらく、ＰＴＳＤというのは、この〝発病〟を抑えようとしている人が陥る症状なのだろう。いつも冷静に「おかしいな」と気づいていながら、身体の反応や思考を抑えつける。おかしくなれればいいのだけれど、自分はおかしくなるほどのダメージを受けたことを認めたくないから（もしくはそれを認めさせない環境にあるから）おかしくなりきれない。

性犯罪の被害者においては自責の気持ちが芽生えるため、〝発病〟を甘えととらえたり、〝発病〟による同情を嫌がるなどの理由により、自分では気づいていなくても、無意識に〝発病〟することを抑える傾向にある。

事件のときに感じたはずの何かが身体の中で凍りついている。それを抑えつけるしか、自分を守る方法がない。感情や表現する力が凍っていることに気づいてはいるが、身体反応が先に出てくるため、「恐怖」という感情だけを強く感じてしまう。そしてそれによる身体反応が起こるという悪循環が繰り返されるのではないだろうか。

一方、地震災害や台風被害でＰＴＳＤを発症した人の場合、一般的に性犯罪被害者より自責の気持ちは生じにくいといっていいだろう。その代わり、自然というどうしようもないものを相手に、怒りをぶつける先がないという無力感と、ぶつけても仕方ないという諦めが共存しているのかもしれない。

凶悪犯罪と自然災害。まったく性格を異にする二つの事柄を契機に同じ症状が出たとしても、そこには、大きな違いがあるように感じる。

なぜなら、自然災害は、誰もがその被害の内容を想像しやすく、周りの「理解」を得やすいから。

性犯罪の被害者は、どうだろう……。

「言えない」から、被害の状況が分かりにくい社会ができあがっている。自責の気持ちの有無の原因は、そこにあるのではないかと思う。

犯罪の被害者や被災者がＰＴＳＤに罹《かか》りやすいという知識が広まったのは、いいことだと思う。

しかし、実際には同じＰＴＳＤでも発症に至るまでは、その人の考える常識や置かれた環境、当事者であるか、その家族や遺族であるか……とさまざまな貌《かお》がある。ＰＴＳＤと名前がついても、その症状が楽になるわけではない。

ＰＴＳＤという名前がついたことで、性犯罪の被害者は、『自責の気持ち』と、『自分の抱える症状を、発症原因が明らかなＰＴＳＤとしていいのか……』という新たな矛盾のようなものを抱え込んでしまった気がしてならない。

感覚が刺激されることのない一日があっても、私の中の事件のときの感覚が忘れられるわけではなかった。一日中抑えていた感覚が、家に着くと溢れ出てくる。お風呂に入って泣く時間は、一日のリズムで、なくてはならないものになっていった。泣けば次の日、目が腫れてしまう。職場では最初のうちは、「喧嘩して泣き過ぎて」といった理由でごまかしていたが、段々と手際がよくなり、濡《ぬ》れタオルを凍らせて目を冷やす・温めるを繰り返して目の腫れを最小限にし、周囲にバレない術《すべ》を覚えていった。目が腫れ、食欲がない理由のレパートリーも、徐々に増えていった。

仕事に行くことは、苦痛ではなかった。毎朝決まった時間に起きて、仕事に行く。このリズムを保つことが、唯一自分が事件に呑み込まれていないことを証明することであるかのように思っていた。

社会とは甘えの利かないところだという規範意識（私の勤めていた司法書士事務所では、特にその意識が強いように思えた）が、良くも悪くも私を律していた。

「仕事中は余計なことを考えないで済むから」

それもある。仕事の相手には、適当に嘘をついて話していることができたから、感情も動くことがなく、記憶もなくいつもどおりに時間が過ぎていた。

対照的に家に帰ってからの時間や休日には、泣き通した記憶だけが残っている。しばらくは友人との連絡も絶ち、遊びに行くこともなく、仕事以外の時間は家のお風呂でただ泣いていた。

当時の私には、恐怖に見まわれたときに現実に戻る呪文のような言葉があった。『二度もレイプされた被害者なんて聞かないよな』なんと情けない言葉だろう。「まさか二度も」なんてことが励みになっていたのだから。

しかし、それが間違いかもしれないと思ったのは、事件後、半年くらい経ったときだ。

高校時代の友人から、結婚式の招待状が届いた。それを見ながら、私はある事件を思い出した。

高校生の頃、バスケ部だった私の帰宅時間は毎日だいたい夜八時過ぎ。帰り道、近道するために実家近くの公園を突っ切って帰る。ある日、その公園で、茂みに突き飛ばされ、痴漢行為をされたことがあった。

制服のスカートの中に手を入れられ、下着に手がかかった瞬間、私は暴れた。大声もあげた。下着から足が抜け、私は全速力で走った。男がどうしていたかなど見もせず、走りながら下着のことが頭をよぎったが、そのことは忘れるしかなかった。

自宅までは走って二十秒くらいの距離だ。家に着くと、私はすぐに自分の部屋に行き、着替えてシャワーを浴びた。制服は泥だらけだし、膝も掌《てのひら》も擦りむいていたが、毎日のように高校の目の前を流れる多摩川で遊び帰り、バスケットボールをやっていた私には、泥や怪我など日常のことだったから、家族にも不審に思われることもなく、何も聞かれなかった。私も決して話さなかった。

毎朝、学校へ一番に登校し、体育館の電気を点《つ》けるのが私の日課だった。

翌朝も一番乗りに登校し、体育館の電気を点けに行く前に部室で少し横になった。

前夜起こったことを思い出してみた。怖かったけれど、かなり暴れて相手を蹴《け》飛《と》ばした。目隠しもされていなかったし、口もふさがれていなかったから、最初から大騒ぎしていたように思う。触られたりした覚えがないので、下着を取ることが目的だったのかなと思った。

『制服でどこの学校か分かってしまうかもしれない』

『下着が送られてきたりしないよね』

と余計なことが頭に浮かんでくる（この余計な不安や、恥ずかしいという思いが、被害者を泣き寝入りさせる原因になっていることは、後になって痛感した）。

下着を取られた悔しさと、それを喜んで勝ち誇っているかもしれない相手のことを考えるのが気持ち悪くて、それ以上考えることをやめ、体育館に練習に行った。

ボールをつきながら、走り回って電気を点けた。身体を動かしている間は、何も考えなくていい。

「おはよう。みかちゃんまた一番？　よく毎朝起きれるねー。連続一番記録更新じゃないの？」

と、時間が経つにつれ朝練のメンバーが集まり、声をかけてくれる。自然と、安心できるいつもの光景ができあがる。そんな光景やいつもの一言が、どんなに私を救ってくれたことか。

湧き出てくる思考を振り払うように、日常を強いる。本当は、ずっと一人で、布団にくるまって眠っていたかった。この感覚は、後の事件のときと変わらないように思う。その日、朝礼の後、二時限だけ授業をサボって部室で寝ていた。

何日か経って、夕飯のときに母が回覧板を持ってきた。〝痴漢にご注意ください〟というお知らせだった。

「裏の家の娘さん、そこの公園で変な男に襲われたんだって。かわいそうに。外に出られないわねね。あんたも気をつけなさいよ」

と、母は言った。

私は何も言えなかった。

その後、公園に大きな電灯が設置された。

レイプされることと、痴漢やわいせつ行為をされること――その二つの差は、紙一重だと思っていた。

でも、違う。

そこには、大きな違いがあった。その場で感じている恐怖と身体が示すショックは似ている。しかし、なぜ高校時代のこの出来事が私に、生活を乱すほどの影響を与えなかったのか。

それは、「逃げ切れた」という自信が、私を支えていたからだ。

もしも同じように、いたずらをされた方がこれを読んでいてくれたら、そのことに気づいてほしい。自慢したっていいくらい、凄い精神力が必要であることを。決して、軽いショックではないのは同じ。どっちがひどくてどっちが軽いなんていうことはない。

でも、最後までされなかったのは、被害者が、〝逃げる〟という行動を起こせた勇気と判断力・行動力があってこそのはずだ。その一瞬の判断力を自分で認めるのと共に、周りの人も、その勇気を褒めてあげてほしい。

いままで気がつかなかったが、「自分で自分を護れた」ことの自信が知らず知らずに芽生え、自分を支えていた。

そしてもう一つ、一度あったから二度はないと安心することも間違いだと感じてほしい。

第二反応

事件後の私は、わがまま放題だった。

思いつきでものを言ったり行動したりするから、本能が全開になり、自分の感情や行動に矛盾が出てくる。

あんな状況でも『生きたい』ことを優先した欲求に気づいてしまったときが、自分の矛盾を容認する始まりのように思えた。

家族や友人に助けてほしい。でも迷惑をかけたくない。家族や友人だからこそ、と思う気持ちが伝わらない。伝えられない。

何度か文中で、感情が「凍る」とか「固まる」という表現をしてきたが、まったく反対に、感情が溢れ過ぎて、身体や頭がそれについていけないときもあった。心で感じるよりも先に、身体中から感情が溢れ出す、そんな感じだ。腕や足や肌が感情を表現する。だから震え、鳥肌が立ち、汗や涙が出る。

ＰＴＳＤがどういう症状であるかにもあまり興味が持てず、

『私の身体が理解しているからそれでいい』

と、自分本位に理解しているつもりだった。

そんな勝手な理解からか、思い込みからか、

『私が事件にあったことを知る人には、私を護る義務がある！』

という押しつけがましく依存的な、信念にも近い強い感情が生まれた。事件のことを武器のように切り出し、周囲の人間を、私を護らなければいけない状況に追い込んでいた。

人に押しつけっぱなしだった。

『護られて当たり前』

とさえ思っていた。

『しょうがないじゃん。他人の手で生活や気持ち、身体までを乱されたんだから。私のせいじゃないんだから、あんたたちがどうにかしてよ』

と、いつも誰かに責任を押しつけて周囲に甘えていた。

私の事件の経緯やその直後の生活を一番知っているのは、当時つき合っていた「シンちゃん」だった。

事件後数日間は、仕事の後に彼が私のアパートまで様子を見に来てくれたり、時間が許せば、一緒に帰ったりしてくれていた。

一人で帰らなければならないときは、「また襲われてもいいの？　心配じゃないの？」と、脅迫じみた電話をして彼に迎えに来てもらったことが、何度もあった。

別れ話を切り出されれば、

「逃げる気？　ずっと側にいてくれるって言ったじゃない！」

「あのとき私が公園の周りを通ったのはあなたのせいよ！」

「結局そんな薄情な人間なんだ！」

という具合に彼をなじる始末。ひど過ぎる。

そんな私の相手をすることに疲れたのか、喧嘩をすると、彼の口からも、

「お前ホントは喜んでたんだろ。スリルがあって気持ちいいとか思ってたんだろ」

「お前みたいな汚れた女とつき合ってやってんだ。感謝しろ！」

という言葉が出るようになった。

きつかった。これが、事件以来私のわがままを極力聞き入れてくれていた彼の本音かもしれない。ずっと私に聞きたかったのかもしれない。重荷だと思い続けていたのかもしれない。

そこまで彼を追い詰め、責任感を持たせ、苦しめてしまった。

そう思えたとき、すべてを事件のせいにして、自分の非を認められなくなっていく自分にも嫌気がさしてきた。私も彼といることが、嫌になってしまった。

刑事さんが二度目の事情聴取のときに言っていた言葉を思い出した。

「この間一緒に来ていた彼はいなくなってしまうかもしれないわよ。こういうことは、男性は聞きたくないみたいだから」

刑事さんは、深い意味があって言ったわけではないかもしれないが、私はその言葉を覚えていた。

おそらく、事件後に恋人が離れていってしまうのは、その人が薄情なのではなく、プレッシャーや責任に耐えられなくなってしまうからなのではないか。彼女に対して何かを思うのではなく、彼女を護《まも》れなかった自分を責め続けたり責任を感じたりしてしまうのではないか。

刑事さんが私に言った言葉は、そんな例をたくさん見てきたからなのかもしれない。そんな意味でも、犯罪は、被害者とその周りの人々、そしてその関係にまで大きな影響を及ぼすことがある。

そして私のわがままはどんどん暴走した。それは態度として表れる前に、心の中に芽生える他人への不信感や、他人を見下すような思考回路として表れた。

「俺《おれ》の辛さがお前に解るのか!?」（彼）
『じゃあ私の辛さは解るの？』（私）

「父さんだってな、人に聞いたりしてお前にどう接したらいいか考えてんだ！お前はそんなこと知らないだろ！」（父）
『私が男に何をされたのか、何を言われたのか、知らないでしょう？　結局は私の望むように接してくれないじゃん』（私）

「あんただけじゃないのよ！　誰にだって、人に言えないことの一つや二つ、あるのよ！」（母）
「人はみんな心に辛い思いを抱えてるのよね」（年配の女性）
『そっか、みんなレイプされたことがあるんだ』（私）

誰かが私を励ますつもりでかけてくれた言葉も、皮肉にばかりとらえていた。彼らが私よりも辛く苦しんでいるなんて思えなかったから。被害者の辛さを中和させる言葉なんて聞きたくなかったし、軽々しい言葉も聞きたくなかった。

『分からないのは解ってる。分からないなら、なぜ私に聞かない？　聞けないの？　気を遣ってるふりをして、分かろうとしてないんじゃないの？』

そんなふうにしか取れなかった。


解ってほしいんじゃなくて、分かろうとしてほしかった。

二次被害

そんなこんなで、私は家族や恋人と段々仲が悪くなっていった。

この話をしたときに、

「私だったら、一番に母親に話すと思う」

私にそう言った友人がいた。「私だったら」。そんなたとえ話なんか要らない。私だって、これまでは母親と仲良くやってきた。

一番に親に話せるだろうか。

少なくとも、私は、親には知らせたくなかった。心配かけたくないとか、そんな思いやりからじゃなく、話せなかった。それがなぜかはいまでも解らない。でも、一番に親に話さなくてよかったと、いまでは思っている。

事件から二週間ほど経って、私は少し事実を隠して親に話した。「車に連れ込まれたけど、必死に逃げてきた」と。

話を聞いた母から返ってきたのは、とくに動揺する様子もなく、私のことを思ってか、

「何もなくてよかったじゃない」

という言葉だった。

『よかった⁇』

倒れるかと思った。そしてそれ以上、母は私には何も聞かなかった。

二〇〇一年のお正月、私は改めて母に、本当は逃げ切れなかった事実を話した。毎年、お正月には父が都内の神社で、演奏会を行う。それを家族で聴きに行くのが恒例だった。

神社の境内で、甘酒を飲みながら父を待っているときのことだった。

「なんでいまさらそんなこと言うのよ⁉　あんたの言うこと信じられない！」

母は私に怒りをぶつけてきた。私を心配するどころか、驚くような勢いで怒った。その日は、それ以上何も話さずに帰った。

ショックだった。

私は、事実を話せないでいることに、罪悪感や悔しさを感じていた。その結果、母にこそ事実を伝える決断をしたが、間違っていたのか。もしかしたら、母はショックをうまく表現できていなかったのかもしれないが、そのときの私がそこまで気を回す必要もないと思った。私は、最近まで、このときのことで親と衝突してきた。


「親ならもっと心配するんじゃないの?」

「だったら最初から本当のこと言えばいいじゃないの!　親の気も知らないで!」

「言えなかったんだよ……」

「だから信じらんないって言ってんのよ!」


この繰り返し。きっと、母は私以上に事実を受け止められずにいたのかもしれない、と思うようになった。だから必死に、私の言葉を信じようとして、憎まれ口も、安心させようとして隠したことも、そのまま受け止めてしまう。

『なぜ当事者の私のことを一番に考えてくれない?　〝辛かったね〟ってたった一

度でも抱きしめてくれたらどんなに安心したか……』

私が求めているのはそんなことだった。それをそのまま母に伝えたこともある。しかし私の母は、それができない。それは、きっと、母にとっては、母が「娘を傷つけられた」当事者だから……。

『でもね、事件の当事者は私なんだ……』

母は、それを見失うほどのショックを受けていたのかもしれない。

この母とのやりとりが端緒となり、私はことあるごとに「被害を受けた当事者」と「被害者の家族・遺族」との間に横たわる「溝」について考えるようになった。親だからこそ真意を分かってほしいという気持ちと、子どもを信じて言葉をそのまま受け止める親の気持ちのすれ違いは、この先も埋まることはないのかもしれない。

後日、父にも母の口から事実が伝わったようだが、父は私に何も言ってこなかった。

それからしばらく、私は母とも父とも話すことを避けるようになっていた。

詳細は後述するが、しばらくして、私は新しい彼（彼とは後に結婚することになる）との同棲《どうせい》を決めた。事件から一年半を経た、二〇〇二年三月のことだ。父は激しく怒り、私に「勘当」を言い渡した。

それだけでなく、事件後自分の気持ちを立て直すのに手いっぱいだった私に、両親は、親子関係を修復するための誠意を見せろと課題を課した。

「お前は強い子だから、そんなこと（事件のこと）を気にするような子じゃないでしょ」

「お前はいつまでそんなこと言ってるんだ。そうやって親を責めてるつもりか！」

「またそんなことを引き合いに出して脅かしてるつもりか？」

そんな言葉ばかりでうんざりだ。幻滅した。私にとっては、何の解決も見えずにずっと続いている事件なのだ。ウジウジしている私は「出来の悪い」娘として見られ、なぜか、親からの評価を下げられた。

私が二次被害という実態を知り、感じたのは、思いもよらない、親の対応からだった。

「あんたが襲われたのはあんたのせいではないけど、私たちのせいでもないんだから、そんなことで私たちを責めないでよね！」

これは母の言葉である。

〝愛のムチ〟と受け止める余裕なんかあるわけない。普段の厳しさにはありがたみを感じていたが、このときばかりは考えるべきだろう。「時と場合を」と、両親に叫びたかった。

私は、それまでの娘としての立場からではなく、新たな視点から両親との関係を見るようになっていた。

私の両親は、普段から、とても厳しい人だ。

大事な話をするときや、お説教をするときは私たち子どもに、必ず正座をさせる。

どんなに理不尽なことであろうと、親の言うことが絶対だった。ましてや嘘をついたり、他人に迷惑をかけるようなことをすると、徹底的に怒られる。父のお説教は、何時間にも及び、母のお叱《しか》りも妥協を知らなかった。

小さい頃は、言うことを聞かないと手足を縛られて押し入れに閉じ込められたり、家から閉め出されたり。

泣こうがわめこうが、反省して謝るまでは、許してもらえない。

「口の利き方が悪い！」

と、殴られたりもする。たとえそれが父の聞き間違いであったとしても、謝るのは子どものほうだ。

万が一、それを指摘して、

「お父さん、謝ってよ」

なんて言った日には、

「親に向かって謝れとは何事だ!?」

と、手が飛んできて、その後延々とお説教をされる。

もちろんその間、正座。

口先だけで「すみませんでした」と言っても通用せず、何を反省し、何に対して謝るのかを説明しなくてはならない。

それをきちんと説明できるまで、そして親が納得するまで、許してはもらえない。

何度悔しさで震えながら謝ったことか。

そんなふうに育てられてきた。

私には三つ上の兄と、二つ下の弟がいる。

「一人娘だから、大事にされているでしょう?」

と、よく言われたが、とんでもない。

男女の区別なく叱られ、むしろ「女だから」と求められてきたことのほうがたくさんある。

要領の悪い不器用な兄と、おばあちゃん子だった弟は、両親の想像を超えた行動をする。

それを繋ぐのが、私の役目だと思って生きてきた。

朝が苦手で、いつも遅刻ばかりしていた兄と弟。

私は毎朝一人で起きて、母が用意しておいてくれるドーナツとジュースを持って学校に行く。

「美佳は放っておいても大丈夫」

両親にはそう思っていてほしかった。

その私が、「大丈夫」じゃないと思われることをしてしまった……。そう思った。

私が誰かに甘え、頼ろうとしている姿を見て、母は、

「そんなの美佳じゃない」

と言った。


どんなに大切な人でも、その人を一時も目を離さず見守ることなどできない。どんな慰めの言葉も意味を成さず、「無理なこと」と、人は割り切ろうとする。それならば、助けを求めることも、信用することも、無駄なことなのか。

私はカウンセリングを受け、カウンセラー育成の専門学校に通い、事実関係を傍観することを教えられた。両親のせいではなく、私のせいでもないことは、事件が起きたその瞬間から分かっている。

両親を責めたいなんて、少しも思っていなかった。むしろ、

『社会に大声で言えないようなことを抱えた娘になってごめんなさい』

そう思ってきた。しかし、それは私だけが感じていた後ろめたさだった。

この罪悪感にも似た後ろめたさを理解してもらうことが本当に難しい。私が、被害者が、罪悪感を抱いていることなど、誰も察し得ないから。罪悪感を抱くなんておかしなことだと思っているから。理にかなわないと笑い飛ばすから。被害者は苦しいのだ。


私が改めて母親に事実を話しに行った日、その大筋を隣の部屋で聞いていた弟が、私の話を聞いてくれることが多かった。弟は、私と考えが似ていることもあってか、私も弟に話すときは安心していた。

両親は、

「味方をしてくれる人間が優しいだなんて思わないほうがいい」

「話を『うんうん』と聞くだけなら他人にだってできる」

と、私と弟を非難することが多かった。

同情と理解の境界の難しさを感じた。その「他人にだってできること」を、両親は私に見せてくれなかった。

私の両親は、私が自助グループやカウンセリングに行こうとするのをひどく嫌がった。いつも強気だった私が誰かに頼ったり、弱い部分を見せるのをとても嫌がっているようだった。

弟から、いつも両親の様子を聞いていた。

「あの二人は、お姉ちゃんに起こったことを認めたくないんだよ。『あの子は強いから』っていつも言ってる。忘れて笑い飛ばすことだけが解決策だって信じてるんだよ」

両親の対応に驚いていた私を、何とか家族から離さないでいてくれたのは、弟だった。

両親は、自助グループの活動などを「傷の舐《な》め合い」ととらえていたのかもしれないが、それが悪いことだと、私には思えなかった。

私は何よりも理解者を求めていたから。

弟が他の家族と違ったのは、恐らく、悔しいという感情が薄かったからだろう。母や恋人と違ったかたちの愛情がそこにはあるように思えた。表現が難しいが、「俺の姉ちゃんにそんなことを!!」ではなく、「そんなひどいことをされたのに、姉ちゃん、仕事に行ってるの？　凄いよ」という感じだ。弟にとって、姉が性的対象になることは想像から外れていたのかもしれない。
だから、弟と話すときは、女という立場も、子どもという立場も忘れて、いまの自分を見せることができた。

対照的なのが、兄だ。私はいままで、兄と、事件のことについて何ひとつ話したことはない。

その後、多くの被害者の意見を聞く機会があった。とても残念なことだが、家族から受ける二次被害は、とても多いようだ。
もともとある信頼関係がそうさせるのか、期待や思い込みがそうさせるのかはわからないが、被害者にとって、家族とは、とても近くて、とても遠いものになってしまう。

近いからこそ受けるショックは、被害者にとっても家族にとっても、望むべきことではない。

被害者に対する情報の少なさや偏見や思い込みが、こうした亀裂《きれつ》に繋がってしまう。


「もう誰にも話さないでちょうだいね」

母が私にそう言ったとき、私は人に言えない後ろめたいものを抱えた気持ちになった。

それから友人に会うたびに、何か隠しごとをしているようで、それまで築いてきた友人との関係に、私から一方的な隔たりを感じるようになってしまった。

それでも私は、自分が大切だと思う相手には、自分に起こったことを知っていてほしい。もしも私が死んだときに、「こんなことがあったね」と思い出してもらえるように、真実を知っていてほしい。そう思って接してきた。

母の一言によって、そんな私の考えにストップがかかったわけだ。

大好きな友人に会うと、私の戸惑いは隠せなかった。

「痩せたんじゃないの？」

「最近、みかちゃん元気ないし、『聞いてよー』がないけど、安定してんの？」

「生きてた？」

そんな問いかけにどう答えていいのかわからない。

しばらくは「何もないよ」と答えるが、そのたびに嘘をついている気がして気持ちが凹《へこ》んでいった。

それを何度か繰り返すうちに、私はとうとう話すことにした。

『私は悪いことをしたわけじゃない、恥ずかしくなんかない』

そう思って大切な友人には自分から話したり、手紙を書いたりした。


幾人かの友人に事件のことを話した。みんな言葉に詰まってしまう。多くの友人が、困った顔をする。引く。明らかにそれを感じ取れる。おざなりな優しさを与えないように、という配慮が感じられた。「わかる」ということを言えない苦しさや、分からずにどうしていいのか困っている優しい気持ちが伝わってきた。

「ごめん。何も言えない」

「気にし過ぎないで。自分が何も言えないことに申し訳なさを感じてるだけだよ」

気の利いた台詞《せりふ》も、マニュアルがあるのかと思うくらい聞いた。


そんな中、たった一人、変わった反応を示した友人がいた。中学時代の同級生で、かつて日本タイトルをとったこともあるプロボクサー。自分にも他人にもとても厳しい人だ。彼は私に尋ねた。

「ちょっと待って。よく犯罪ものみたいなAVがあるでしょ？　あぁいうの、俺は『やってみたいなぁ』とか好奇心を持って見ちゃうよ。実際にしたことはないけど、そういう願望があることは確か。でも、やっぱり女はいやなの？　そういうの好んで見る女もいるじゃない？」


驚いた。

『何？』

正直、最初は血の気が引いた。

でも、話をするうちに、彼は本心を私に語り、男の願望と、その対象になってしまった女の気持ちを理解しようとしてくれたことが解ってきた。

「男友達と二人でいるのは怖くないのか？」

「いまでもそのことを思い出してしまったりすることはあるのか？」

「そういうとき（身体反応が出たとき）はどうしてるの？」

「どんな言葉や状況で、思い出したりするの？」

「帰りが暗くなったときは、怖くないのか？」

あまり普段聞かれないような質問を、容赦なく私にぶつけてきた。答えられないときは、それが答えであることも説明した。

すると、その友人は、

「聞いてよかった。俺は誤解してた」

と、納得してくれた。

聞かれることを嫌がっていた半面、本当の気持ちを理解されないことへの憤りも感じていた。被害のことを知ると、多くの人が腫れ物に触るように対処してくれた。その気持ちが嬉しくもあったが、「理解できない」ことの証明であるように思うこともあった。

だから、私には彼のようにまっすぐな人の気持ちが嬉しかった。それまでにはめぐり合うことのできなかった、「分かろうとしてくれる」人のように思えた。

大切にするということは難しい。核心に触れず、そっと側にいることも、必死に励ますことも、受け入れることも、その人なりの愛情の注ぎ方なのだから。

「みんないろいろあるよね」と返事をくれた友人は、「いろいろ」という言葉で私を受け止めてくれる。

一方、私の感情を知ろうとしてくれたボクサーの友人は、自分のことも、話してくれた。

「そんなこと、なんで私に話してくれるの？」

「お前、もっと大事なこと話してくれたじゃん」

受け止め方の違いを感じる言葉だった。

大好きな友人と口論になったことがあった。

その友人は自律神経失調症の友達に頼まれ、仕事を紹介した。その際、心身の不調については知らされなかった。失調症の彼女は紹介された仕事を無断で休み、早退を繰り返した。友人が理由を尋ねても、「自律神経失調症だから」と謝罪どころか病気を盾に開き直り、以後三カ月ほどで仕事を辞めてしまったそうだ。

友人はとても憤慨していた。

「なんでそんないい加減なことができるのか分からない‼」

「働く気がないなら私のところに来ないでほしかった！」

「自律神経失調症とかいうのに甘えてるだけなんじゃないの⁉」

それに対し、私はこう反論した。

「できないんだよ。自分の感情を操作できないんだもん」

ここから私と友人の討論が始まった。

「なんでできないの？　甘えだよ」

「だって、自律神経失調症なんでしょ？　そういう病気なんだから仕方ないじゃん」

「じゃあ、働けないなら最初から紹介してなんて言わなきゃいいじゃないの」

「だから、精神的に不安定だから、『働かなきゃ』って思うときがあって、そのときにあなたに頼ってきたんじゃないの？　そういう区別ができなくなるときがあるんだよ」

「そんなのわかんない。両親も、働くように娘に言ってほしいよ。もう二十七（歳）なんだから。できないなんて、通用しないでしょ」

「じゃあさ、足のない人に『ちゃんと両足で歩きなさい』って言う？」

「言うわけないでしょ」

「なんで？」

「だって、見ればわかるじゃん！」

「なんで目に見えないことは分かろうとしないの？」

「だって、見えないもん。嘘つけるでしょ！　わかんない！」


目に見えないことは、理解できないと言う。私は少し、がっかりした。でも、これが現実であり、多くの人の認識なんだと痛感した。以前は私もこのような考え方をしていたかもしれない。

　事件後の私が、世間の〝主流〟から外れた人間に感情移入しがちになっているんだと感じたのも、このときだった。

何かを考えるとき、私の意見はどうしても被害者寄りになってしまう。毎日の生活の上辺《うわべ》や形式は取り戻されていく。でも、頭の隅、というより、思考のベースに、いつも事件のことがあった。

「目に見えないもの」が狂っていたのは、私も一緒だった。

身体はとても正直だ。これまで繰り返し書いてきた「吐く」という行為が、私の拒否反応の表れであり、感情の防衛反応だった。

男性や男友達が無差別に怖いということは私にはなく、友人とも自然につき合いを戻すことはできた。しかし「異性」や「性」に繋がるものを感じると、身体が拒否反応を起こした。

ゼロ地点

事件当時につき合っていた「シンちゃん」は、中学の同級生だった。大学生の頃につき合い始めてからずっと、喧嘩が絶えなかったが、私は彼のことをとても信頼していた。

事件にあう前に彼と喧嘩別れし、しばらく彼は電話にも出てくれなかった。あのとき、私は何度も電話を鳴らした。もしも彼が電話に出てくれなかったら……。

事件の後、彼は毎日、必ず私の住むアパートに来てくれた。

「部屋にいるか？」

「怖くないか？」

と、必ず確認してくれていた。

電話をすれば、三コール以内に出てくれていた。

私は、彼にしか本当のことを話すことができず、何もかも、彼に甘えていた。甘えだと気づいたのは後になってからで、当時は、ただ彼に何かを聞いてほしかったのかもしれない。


事件の後、数カ月経った頃だったか……。

仕事帰りの電車で痴漢にあい、アパート近くのバス停まで男に尾《つ》けられたことがあった。

走って部屋に戻り、すぐに彼に電話をした。

事件のことが頭に浮かぶ……。

気持ちが悪くなって吐き、身体が震え、大声で泣いているところに彼が来てくれた。

しかし、夜も遅くなり、彼が帰ろうとすると、私は、

「一人にして心配じゃないの!?」

と、また、大声で泣き出す。

「俺だって帰らなくちゃ……」

と、彼は露骨に困った顔をした。

それでも私は泣きやまず、自分がおかしくなったのかと思うくらい、「一人にしないで」「また襲われるよ！」と、叫び続けた。

彼の、困った顔が許せなかったのだ。

『私はこの前レイプされたんだよ、心配じゃないの？　心配でしょ？』

そう思っていた。


彼が私の両親に電話をして助けを求め、まもなく近くに住む両親が私のアパートの部屋に来た。

「何してるんだ美佳、彼だって困ってるじゃないか。怖いなら、一緒に家に帰ろう」

「いや！　帰らない！」

「なんでそんなわがまま言うんだ？」

「怖いよ、ここにいてよ」

「シンくん、美佳の言うことばかり聞かなくていい、帰りなさい」

「はい、じゃぁ、僕はこれで……」

「待ってよ！！！　帰らないでよ！」

私は、両親と一緒にいることを拒み、どうしても、彼に助けてほしかった。

結局彼は、「僕がなんとかします」と、両親を帰した。

「俺にどうしてほしいんだ……」

「どうして、自分で私を助けようと思わないの……？　私がこんな思いをしてるのは、あなたのせいでしょ……」

こんなふうに、私は二十四時間、誰かに、いや、このときは彼だけに心配していてほしかった。

これ以降も、彼は毎日、必ず私の顔を見に来てくれていた。

たとえ喧嘩とはいえ、彼のせい、と口走ってしまう自分がとても嫌だった。彼のせいなんかじゃないことは分かっている。

それでも甘え、あのときの私の顔を見た彼にしか、感情をぶつけることができなかった。顔を見て、知っていたからこそ、彼にぶつけてしまっていた。

そんな自分が嫌になり、彼は同情で私につき合ってくれているんだという気持ちが強くなってくると、喧嘩になり、彼を傷つける言葉をぶつけてしまった。

私も彼も、どうしていいのかわからなかったのだろう。

事件から九カ月ほど経ち、また喧嘩になった。

私の言葉に、ずっと我慢し、支えてくれていた彼も限界を感じたはずだ。そのくらい、相手のことを傷つける言葉を発してしまったのだ。

もう、これ以上彼に我慢させるわけにはいかない……。私なりにそう思った。

「シンちゃん」との別れ。

彼に対する感謝と負い目のような気持ちが残った。

彼と別れて、私は、この事件のことを、これからどうしていったらよいのか、分からなくなった。

いままでは、ぶつける相手がいた。

これからは……？

母は私に言った。

「もう誰にも話さないでちょうだいね」

確かに、わざわざ誰かに話すことじゃないのかもしれない。

でも……。

誰かに接するたびに、どことなく後ろめたく思っている自分に納得がいかなかった。

彼との別れが、この事件に、最初の区切りをつけたように思えた。もう、事件や、直後の私の混乱状態を見守り、支えてくれた彼はいない。

事件後、警察に行ったことや、あの姿を知っていて支えてくれる人はいない。

一人で抱えていくしかないのだ。

事件後にあった環境が、初めて変わった。

一人暮らしの部屋に帰ると、あっという間に時間が過ぎた。何かをしていた記憶はない。

テレビを見ていたはずなのに、気がつくと泣いている。見ていた番組はとっくに終わり、二時間以上経っていることもあった。

少し、自分が怖くなった。

仕事が終わって、部屋に真っ直ぐ帰るのが不安になり、極力友人と遊びに行くようになった。

イギリス留学が決まった男性の友人に、「一緒にイギリスに行かないか？」と誘われたことがあった。

喜んでよいはずの言葉だ。私は彼を尊敬していたし、好きだった。彼が私に好意を持ってくれたことも喜ばなくてはいけなかった。

しかし、たとえ相手がそんな友人だとわかっていても、腰に手を回されただけで吐いてしまうこともあった。

彼と恋人としてつき合ってみようとも思った。食事や遊びに行くことは今までどおりにできる。なのに、彼の部屋に行っただけで、私は吐いてしまった。彼の目の前で。

異性に「男」を感じた瞬間、相手が私を女として見たと感じると同時に性の対象と見られたと感じ、吐き気をもよおす。

これは、私が事件のときに強く感じた感情なのだろう。

彼に事情を打ち明けると、彼は納得して、

「頑張れ」

と励ましてくれた。

事件のことで初めて、「頑張れ」という言葉をかけられた。

事件のことを思い出したつもりはなかった。

友人なのに。

好きな人なのに。

『私は、こういう身体になってしまったんだ』

と思ったのは、このときから。

実際、その後出会う男性とも、身体が触れると気分が悪くなってしまった。

「やめて！」

という、信号。

身体の反応は、そんなことが当たり前になってしまったが、ひとりの時間はやはり不安だった。

「シンちゃん」に電話をしてしまう……。

「頼むから、もう俺のことは忘れて、幸せになってくれ」

彼は言った。

もう恋人じゃないことは解っている。でも、「シンちゃん」に頼り、何かあると電話をしてしまう癖が抜けない。

彼もまた、そのたびに三コール以内に出てくれる。ときには心配し、彼から電話をしてきてくれることもあった。

もちろん、恋人としてではなく……。

その後、後の夫となる男性とつき合うようになった。とても淡々とした人だった。

誰かと向き合おうとするたびに、私は、事件のことを話すべきか考える。

彼が部屋に泊まる。

「ちょっとトイレ行ってくるね」

やっぱり吐いてしまう。

怖くない、事件とは違う、と自分に言い聞かせてもだめなのだ。

でも、私はもう驚かなくなっていた。そうなのだから仕方がないと、諦めていた。

何度も何度も、我慢した。

彼には、気分が悪くなっていることは告げられなかった。

「シンちゃん」と別れたことで、事件のことを口に出す機会が減ったせいか、私は、表向きの生活に支障をきたすことはなくなっていった。

大声で泣き叫んだり、誰かに当たったりすることもできなかったから。

不思議と、他人といる私は、事件のことを隠し、思い出さないようにし、ひとりになる時間を待っているようだった。

辛いはずの思いを吐き出す時間がほしかったのだ。

部屋に帰ってひとりになれば、誰の目を気にすることもなく自分の気持ちと向き合える……。溢れてくる恐怖や涙、震え、記憶、フラッシュバックを受け入れるしかなかった。

後の夫には、つき合ってから四カ月くらい経った頃、事件のことを話した。

詳細は話さなかった。

ただ、レイプされたことがある、とだけ伝えた。

気分が悪くなって吐いてしまうことは相変わらず伝えられなかった。

彼は、

「辛かったね」

と、ただ一言いっただけだった。

「シンちゃん」のように、感情をぶつけてくることもない。詳しいことを聞き出すこともしなかった。

そしてまた、身体に触れてくる彼の手を払いのけることもできなかった。

「つき合っているのに、拒むなんて……」

ずっとそう自分に言い聞かせていた。


アパートの賃貸契約更新を機会に、私はひとりの生活をやめて、彼と一緒に住むことにした。

ひとりで泣くこともなくなるだろう。誰かが一緒なら、と、両親も安心してくれるかも……と、ほんの少しの期待を持って、引っ越しを決めたのだ。

実家に報告に行くと、父がすごい剣幕で私に怒鳴った。

「男と住むなんて、何を考えているんだ!?　冗談じゃない！　二度と家に顔を出すんじゃない！」

いまどきそんな親がいるのかと思うくらい、父は憤慨し、私の言い分をまったく聞かなかった。母は、いつでも父の言うことが絶対である。何度かの言い合いの末、この一言で私は殴られ、勘当された。

「親らしいこともできないくせに、こんなときだけ親面《づら》しないでよ！」

母は私に掴《つか》みかかった。

「あんたは、何かっていうとあのときのことばっかり！　いつまで根に持つのよ！　それまでの恩も忘れて！」

それを見ていた父は、何度も私を殴った。

ショックどころか、笑いが出た。

確かに言ってはいけない一言だったと思う。しかし、事件について、両親の言葉にたびたび心なさを感じていた私には、勘当など何とも感じないことだった。ただ、親の判断で「勘当」されたことが悔しかった。私から縁を切ることはできなかったからだ。

社会人になっていた私は、金銭にも住むところにも、何も困ることはなかった。

それでも、いつか結婚して独り立ちするときにはいままでの感謝を表して行くつもりだった。勘当されても感謝を伝えることはできる。


私はもう、親に何の期待もできなかった。

事実を伝えたときに怒った親。

「親らしいことなんか何もできないくせに」

という一言に怒り、私を殴った親。

親だからこそ理解してくれるはず、と期待していた私が間違っていたのか……。

勘当された後、何度も母親から、

「謝りに来なさい」

と電話があった。

親だから、という理由だけで、子どもが謝るべきだという教育を受けてはきた。

しかし、その親が、私を理解しようともしてくれず、相変わらず手も上げる。

親だからなんでも解っている、というのは大間違いだ。親だからこそ分からないこと、話せないこともあるだろう。

母の呼び出しに応じ、実家を訪れても、そのたびに大喧嘩をするだけだった。

「あのとき殺されれば心配したの⁉」

「それならいまから死んでやる！」

と叫ぶこともたくさんあった。

そんなことを言うのが理不尽で、態度も過剰であることはわかっていた。

でも、一番身近な人に、理解をしてほしいという期待とのギャップを受け止めきれず、当たれる人を探し、両親に当たり散らすことしかできなかった。

それがどんなに迷惑なことかはわかっていても。

私は生きていることで、身近な大切な人に迷惑をかける……。

理解もしてもらえない……。

生きていてはいけない。私の存在は迷惑で、それに気づくために私はレイプされたのか。

そう考えることも多かった。

そして、喧嘩のたびに、両親は私を本気で殴って怒った。私に手を上げる両親に優しさを感じられず、不信感ばかりを膨らませていった。

暴力を以《もっ》て叱ることは、逆効果だ……。

たとえそれが愛のムチであっても。被害者は事件にあったとき、身体的にであれ、精神的にであれ、何かしらの手段で服従せざるを得なかった圧力を感じている。

暴力を加えられると、叱っている人と加害者が重なり、恐怖と記憶が蘇る。時間が戻ってしまったかのように、身体にも何らかの反応が現れてしまう。叱っている相手への恐怖感が消えなくなってしまうかもしれない。

もしもそうなってしまったときに辛い思いをするのは、被害者だけではないはず。お互いのためによくない。

『じゃあどうしたら?』

一般的な答えや正解がないから、その答えを、相手と一緒に考えてほしい。私は、そう親に伝えたかった。

ただ言えることは、暴力が、事態や関係を悪いほうにしか運ばないだろうということ。

　大切な人と共に傷つく必要はないのだ。


　両親に失望したまま私は引っ越し、新しい彼との生活が始まった。

　彼は、いつも私を駅まで迎えに来てくれた。私が何かのきっかけで事件のことを思い出し、泣き始めれば一人にしてくれたし、両親への不満も聞いてくれた。


　その半面、彼との生活で、何度吐き気をもよおしたことか。

　私がセックスに対して人よりも恐怖心が強いこと、敏感であることは話していた。事件のことも話した。話せば分かってもらえると思っていたから。車の中ではイヤだということ、玩具などの身体以外のものを入れられるのは怖いこと、真っ暗で大音量の曲が流れている環境もダメなこと、生理中は絶対にできないこと……。

　こんなことになったら、間違いなく私は震え始め、涙が出てきて、吐いてしまう。

乱暴に扱われ、怯《おび》えると、「どうしたの？」と聞かれ、何が怖いと感じたのか説明することもあった。

そのときは、困った顔をしながらも「ごめん」と謝ってくれる。しかし、

『シラケさせた……？』

——私はそう思う。

「ぶち壊してごめんね」と私が謝っても、「いいよ」と答えるほかないだろうから、その言葉も信用できない。実際、彼は私を責めなかった。

でも、彼は、数日後には私が「怖い」と訴えたことを忘れてしまう。セックスが始まればまた、口を押さえられたり、玩具を使われたり……。吐き気がする。

彼には、セックスが「怖い」など、想像もつかないことのようだ。

『毎回説明しないといけないの？』

忘れているのか軽視しているのかは分からないが、私の訴えは、意味のないことのように思える。

「話したはずなのに……」

と、憤る。

そんなときは、怖いという気持ちを出さないように、別のことを考えて気を紛らわすしかなかった。それがどんなに屈辱で、なぜ相手に伝えられないかは、男性には到底理解できないことなのかもしれない。

『早く終われ』

……あのときと同じだ……。

彼が私に、

「セックスを恥ずかしいなんて思わないで。美佳は真面目《まじめ》すぎる。こんなときくらい大胆になったり、理性を失ったりしていいんじゃない？　たまにはリラックスしなよ。いつも気を張ってると疲れちゃうよ」

と言ったことがあった。

私が恥ずかしくて照れ臭くて「できない」「恥ずかしい……」と言っていると思っている。

『それも説明しなきゃだめか……』

「震えたり涙が出るのを我慢してやってんだ!」

そう叫びたかった。

スリルや、理性を取っ払ったセックスを楽しみたいという願望があるの……?

そこに歯止めが利かなくなった状態が事件に繋がる、と思っていた私には、セックスでリラックスなどあり得ないことなのに。

セックスで理性が外れることが、私にはとても怖いことだった。

そんなときは私も〝自分の快楽だけのために時間を過ごしてる人のために私が苦痛に耐えている〟ことがとても悔しく思えてくる。

「復讐」。セックスを、そう表現した性犯罪被害者の友人がいた。

「全然気持ちよくないのに私が気持ちいいと思って一生懸命になってる男を見ると、本当に馬鹿だと思う。人に騙《だま》されて有頂天になってる人を見ると勝ち誇れる気がして。だからセックスしてるときは復讐してる気がするんだ。これってあいつが私にしたことと同じ?って思うこともあるけど、だから復讐なんだよね」

私も彼に「男性」を重ね、復讐と感じられたら、楽になれるのかとすら思ったが、現実は楽になるどころか、私はますます冷め、嫌になっていった。

もちろん、気持ち悪くなることも変わらない。

しかし、彼の目の前で吐くことはできなかった。

「シンちゃん」は、電気を消すことも、私に覆《おお》い被《かぶ》さることもしなかった。理由を尋ねて初めて、彼が私に「怖いと思わせないように」気を遣ってくれていたことを知った。

やはり、あの状況を目にした人でないと、どんなに説明しても、理解してはもらえないのだろうか。そもそも、理解してもらおうと思うのが間違いなのか……。

しかし、説明して分かってもらえたとしても、相手が気を遣ってくれたとしても、吐いてしまうことは変わらないのなら、この身体とつき合っていくしかない。

彼が悪いのではない。

私がそういう体質なのだから。

新しい彼に当たり散らすことはなかった。

周囲の誰からも理解を得られないと感じて苦しかったときに、私の気持ちのはけ口になったのが、インターネットサイトの、ある掲示板だった。

顔も見えず、身元もわからない、真実かどうかもわからないこのメディアが、思いのほか役に立った。

インターネットを通じて、多くの被害者と接することができた。

知人からの暴行、薬物使用による準強姦、上司からのセクハラ、就職面接と偽られての被害……本当にたくさんの被害者がいて、びっくりした。

予想外に多かったのが、「彼女がレイプされてしまいました」という男性の書き込みだった。

また、いじめられていた頃の経験から「強い者から弱い者への暴力を許さない！」「同じ男として恥ずかしい」といった男性の声も寄せられた。

いろんな思いをしている被害者がいる。そんなことに気がついた。

何人かの性犯罪被害者に出会ったが、その中で、いまでもメールの交換が続いている「りょうちゃん」がいる。

彼女の存在は、とても大きい。


私が掲示板を覗くと、私と同じ時期に被害にあい、裁判になっているという女の子の書き込みが目に飛び込んできた。

他の子の「どうしたらいいのかわからない」という書き込みと違って、

〝警察も裁判官もマスコミも、私を守ってはくれない〟

〝裁判は辛い……絶対勧めない〟

〝あそこのカウンセリングは全然だめ！〟

と、冷静なコメントや的確なアドバイスを発している子。


事件の時期がほぼ同じ。おそらく歳《とし》も近い……。


私は直接りょうちゃんにメールを送ってみた。

掲示板上では、彼女はとてもクールな印象だったのでドキドキしたが、「嬉しい！」

と返事をくれた。

すぐに私もまたメールをし、それまでの経緯や、気持ちを話した。ここから、私たちのメールによる交流が始まった。


この安心感は……？

理解されている。「解るよ」という言葉を素直に受け止められたし、私も、りょうちゃんの気持ちを解っていると思えた。


りょうちゃんの事件の加害者は捕まり、刑事裁判中だった。

といっても、このときの私には、刑事も民事もわからない。

「裁判」という言葉でイメージするものは、ドラマなどに出てくる法廷シーンくらい。りょうちゃんの話だと、彼女の知らないところで裁判は進み、必要なときだけどこかから連絡が来るようだった。

『加害者が捕まって、裁判？　ということは、思い出したくもない加害者の顔を、見るの？』

　想像しただけで倒れそうだ。

　りょうちゃんは、強姦事件の控訴審中だった。

　一審は無罪。

『まったく知らない人が、部屋に入ってきて……無罪？』

　彼女は一審で証人として証言台に立ち、尋問も受け、罪を認めていない犯人の顔を目の当たりにしたのだ。衝立《ついたて》はあったようだが、声は聞こえるだろう。

　相手の弁護士からは、嫌なことをたくさん聞かれる。

　裁判官には、

「どうしてそんなに平気でいられるのですか？　嘘をついているからでは？　普通の女の人はこんなところに立つことは耐えられないでしょう」

と言われ、自分の味方がいないような気になったという。

　新聞に取り上げられ、他のメディアも取材に来た。

これだけ嫌な思いをして、その結果が無罪。

それでも、りょうちゃんは、控訴審でも証言台に立った。

「私って確かに気が強い部分があるから、事件の後もちょっとした不眠症になったくらいで、症状的には特に出なかったの」

と、凛《りん》とした印象の彼女だったが、控訴審に入ってからは「また無罪だったら」と怯え、世の中の何もかもから自分が否定されてるような思いにとらわれたという。


「怖くて泣いちゃった」

と、メールが来た。


間もなく判決が出たと、検察からりょうちゃんへ連絡があった。

懲役三年の実刑。

りょうちゃんは、ほっとした様子だった。

「よかった、私、悪くなかったんだ」

「裁判中に私の実家の住所まで読み上げられちゃって、怖かったの。とりあえず三年は安心」

犯人に刑を科すことで気持ちが楽になるわけではないけど、りょうちゃんは、ただ、事実を述べたくて、分かってほしくて、安心がほしくて、証言台に立ったのだ。

「強い」んじゃない。そのときのりょうちゃんは、そうするしかなかったんだ。

同じ時期に被害にあった私とりょうちゃん。

感じた気持ちのスタートは一緒だったはずだ。

私は、加害者がわからない。自分の気持ちと向き合うほかなかった。自分の気持ちを回復させることだけに力を注いできた。

かたや、りょうちゃんは、事件直後から、あっちこっちに駆り出され、自分のことはそっちのけ。

「どっちが辛い？」

という話になった。

私は、もう犯人の顔なんか見たくもない。

いまどこで何をしていようとかまわない。

もちろん、他に被害にあっている人がいるかもしれないと想像すると苦しいが、犯人のことなんか、どうでもよかった。

わざわざ目の前に突き出されて、何度も事件のことを思い出させられたくない。

それなのに、りょうちゃんは、こんなメールをくれた。

「みかちゃん、犯人がわからないなんて、区切りもつけられないいんじゃないかと思うと怖いし、どこに気持ちをぶつけたらいいのか、辛くない？　いま自分に向き合ったら、私はその辛さに耐えられるかわからない。それに、加害者のことも、自分のこともどっちもなんて考えられないよ」

お互いに、お互いの状況を想像し、自分の現状よりも辛いと思っていたのである。

ある日、

「相手に上告されちゃった〜」

とメールが来た。

犯人が反省していないことに、りょうちゃんはがっかりしていた。

「上告？　またりょうちゃん出廷するの？　嫌じゃなければ、一緒に行こうか？」

私が返事を送ると、

「上告審って法廷開かれないんだよ。だから、今回は私は何にもしないの。大丈夫だよ、ありがとう」

とすぐに返事が来た。

りょうちゃんは、どうしてこんなことを知っているのか。それは、自分がそんな境遇に置かれてしまったからだ。

私には、裁判の知識を身につける必要もなかったんだ……。

改めて私と彼女の進んだ方向の違いをつきつけられ、両親にも話せずにそんな環境を受け入れ、闘っている彼女を、すごいと思った。

上告棄却で刑は確定した。

傷害などの前科のある加害者だったので、おそらく、実刑。

りょうちゃんは、加害者について、それ以上を把握しようとしなかった。


不思議なもので、私たちの根底には「理解」があり、何の話をしていても、「被害の事実を隠して」生活している気持ちが共有できた。周りの家族や友人に理解を求めることに疲れていたのかもしれない。

かといって、わかってもらえない！なんて悪口はナシ。暗い話もナシ。

定期的にメールを交換することで、きちんと生活できているかを確認し合う。

このやりとりが、とても支えになった。

いつのまにか、私とりょうちゃんは、事件とは関係のない話をする、普通の友達のようになっていった。


インターネットの世界には、絶対的な信頼も、安全も保証されていない。個人が好き勝手に意見するだけで、相手の顔を見ることもできなければ、本心で語っている保証もない。そんな不確かなモノを頼り、支えにすることしかできないのだ。

家族から理解を得られず苦しむ前に、被害者駆け込みセンターがあったらどんなに気が楽だっただろう。警察みたいに捜査をするところじゃなくて、「怖かったー」と泣きつける場所があったら。

そして、そこに駆け込むことが恥ずかしいことでも何でもないという社会があったら。

「私はこんなだったよ」と泣きながら話せる場所があったら、事件直後に戸惑うことなくそこへ向かったと思う。

安心できる場所、救われるかもしれない場所があることを広めること、これも必要なこと。

実際、私は被害にあってみて、後になってから、そういうセンターや団体があることを知った。警察や裁判所に付き添ってくれる人もいる。しかし、こうした情報を、警察や病院は教えてくれない。自力で探し当てるしかない。そんなパワーが、被害直後にあるだろうか。

……ないはずなのに……。

放熱

事件から二年後、私は、同居していた彼と結婚した。

性に対する嫌悪感をこんなに抱えた私がなぜ結婚に至ったか。私もまさか、「シンちゃん」以外の人とセックスをし、ましてや結婚するなど夢にも思っていなかった。

「好きだったからでしょ」

そう言われてきたし、そう誰もが思うかもしれない。でも、私はかたちだけでも、順調に幸せと思われ、そう呼ばれる姿でありたかった。両親を安心させるためでもない。

事件が一〇〇のマイナスであるなら、一〇〇のプラスを作らなければ自分が保てなかった。そのためにできるだけ順調と思われることを、一つでも多く身につけることに力を注いでいた。上辺を繕うことに精一杯だったのかもしれない。何かに縋《すが》りたかったのかもしれない。

結婚を後悔してはいない。夫は、誰よりも私を理解しようとしてくれ、味方でもあったから。その役目を、彼は背負ってくれていた。

仕事帰りに痴漢にあって泣きながら家にたどり着く私を見れば、私が何を感じなぜ泣いているのかを察してくれた。

そういう相手と生活を共にできることは、幸せなことだ。

おそらく、実家で両親と生活していたら、そんな姿で帰宅することもできないだろう。

しかし、セックスについては、何も変わらず、嫌悪も解消されなかった。


結婚を機に両親は勘当を解いてくれた。

身近な人に理解してほしいと思っていた私だが、残念ながら、結婚しても、夫を含む「家族」に助けを求めることは、私の中でタブーとなっていた。

それならばプロの意見を聴こう。そう思いつき、インターネットや本で、カウンセリングルームを探した。

いくつかに電話をしたり訪れてみたりしたが、電話に出た受付の人や、白衣を着たカウンセラーに、「辛かったですね」「わかりますよ」と、嘘くさい言葉や笑顔を浮かべられ、「もういいです」と逃げてきたところが何軒あったことか。

武蔵野大学の敷地内にある、心理臨床センター。

そこで私は二週間に一回、カウンセリングを受けることにした。

事件後二年以上経ってからのことだった。それまではコントロールできていたはずなのに、夜中の動悸と、仕事帰りの足の竦みが何度も訪れ、他人に迷惑をかけるまでは至らないが、毎日の生活に支障をきたし始めた。

汚点のようなものを隠して生きることへの憤り。罪悪感や汚点と感じることへの矛盾。

その矛盾に気がついたとき、自分でそれを認めることができなくなっていった。その説明を電話でする自分が情けなくて仕方なかった。『二年も経っているのに』と、いまさら他人に頼ることも情けなく感じた。

電話に出た女性が、多少の話と概要を聞き、言ってくれた。

「来られそうでしたら、いらっしゃいませんか？　詳しく聞かせてください」


第一回。

恐る恐る、だった。

大学に着き、心理臨床センターを目指した。

校舎とは違う、小さな二階建ての「お家」があった。

「玄関」のチャイムを鳴らし、中に入ると、二階の和室に通された。

待っている間、何を聞かれるのか、どこまで話したらいいのか、自ら電話をしたくせに、怖がっていた。

私は、自分と同じような目にあった人たちがどれだけいて、どんな精神状態になっていて、どうやって生活しているのかを知りたかった。自分が辛いことさえどう表現したらよいのか分からなかったのだ。

『みんなはどうしてるんだろう？』

それを知ることで、自分が置かれている状態を把握したかった。そのくらい、自分のことなのにどうにもできなかったから。

カウンセラーが入ってきて、自己紹介をして私の前に座る。もう一人、私の斜め後ろに若い女の人が座った。

「あの人は……？」

「あ、記録をとってくれる人なんだけど……嫌ですか？」

「……ちょっと……」

「わかりました。じゃぁ、私と二人で」

記録係の女の子は退室した。


「ここには、被害にあった人がたくさん来るんですよね？」

そんな一言から始まったような気がする。

見ず知らずの人に自分のことを話すことに抵抗はなかった。

相手はプロだ。

私がどう取り乱したとしても、対処法を知っているはずだという安心感と、慣れているはずという気持ちがあった。

結局最初は上手《うま》く話せなくて、泣いて終わった。

第二回から第三回にかけては、ペーパーテストのようなものがあった。いずれも事件後の反応や気持ちについてで、アンケート形式。該当すると思うものや近いと思う感情や感覚にチェックをしていく。全体を通すと矛盾する質問も多く、私は、すべてに答えることに少し抵抗を感じた。ふと、現場検証のときのことを思い出した。

第四回だったろうか、いつもの倍の時間をかけて、事件のことを事細かに聞かれた。状況も心境も。

これもまた事情聴取みたいだなぁと思ったが、事情聴取と違っていたのは、YESかNOで答えられる質問が多かったこと。

この長時間にわたる多数の質問の前には、これがかなりの苦痛を伴うものであること、そのため希望しない人には行わないこと、途中できつくなったらやめてもかまわないこと、答えたくないことは答えなくてかまわないことなどの説明があり、強制ではないこともつけ加えられた。なので、これは私が希望して受けたものだった。

これからカウンセリングを受けていく中で、事件の状況がわからなければ話せないことや分かってもらえないことが多いだろうと思ったからだ。あとは、この時間に何か意味があることを祈って。

途中、喉《のど》が熱くなったり涙を流して答えたものもあったが、それがどんな質問だったのかはいまでは覚えていない。ただたくさんの質問を淡々と投げられているることが辛かったのかもしれない。


その後は、事件のことを具体的に話すことはなく、カウンセラーに進行を任せ、くつろいだ状態で私の話を聞いてもらう時間が作られるようになった。

「今週は、何があった？」とか、

「何か考えたりした？」

という質問から始まる。

二週間に一度、自分の感情や考えを吐き出せる場所があることで、私の〝我慢のメド〟が立つようになった。


だが「カウンセリングに行く」ことは、いまだに一般的なことではないようだ。

私は抵抗なく通えていたが、友人の中には、

「弱い人間が行くところだと思う」

と言う人もいれば、

「何？　情緒不安定なの？」

と茶化すように言う人もいる。

腹を立てたことも落ち込んだこともあるが、その気持ちをまたカウンセリングで聞いてもらえばいいやと気持ちを呑み込み、人間関係を続けることもできるようになったように思う。

そしてカウンセリングに行くのが、楽しみにもなっていった。

と同時に、『私に何かできることはないか』と思うようになった。


カウンセリングは、心理分析ではない。

被害者が楽になるために被害直後に駆け込んで行けるところでもない。被害者は時間が経つと、自分が経験し感じてきたことを受け止め、それが社会でどのような位置にあるのかも分かってくる。カウンセリングは、そのときに通って初めて役に立ち、自分の感情を確信できる何かに変えていけるものなのではないかと思う。

決して「弱い人が行くところ」ではない。自分の考えや気持ちに気づき始めた人が、他人に合わせることに違和感を持ち始めたとき、その違和感を取り除く方法を見つけていく。私はそう思ってカウンセリングを受けてきた。

初回からずっと、毎回同じカウンセラーに話を聞いてもらっていた。彼女が私に示してくれた態度や言葉に、私は安心感を持つことができた。

私が自分の考えをうまく言葉にできずに混乱して腑《ふ》に落ちないときも、なぜか彼女は話をうまく表現して「こういうことかな？」と確認してくれる。

「なんで私が伝えようとしてる真意が分かるのですか？　私は上手く喋《しゃべ》れていないのに……」

と尋ねると、

「だって、あなたが私にそう話してくれたんだもの。私はそれを準《なぞら》えただけですよ」と。


彼女は、私が正しいとも悪いとも言ったことはない。

何か意見を求めても、あまり明確に答えることもなかった。

たった一度だけ、私が自分のすべてが嫌になって「私なんて」と自分を貶《おとし》めるようなことを言ったとき、

「私はそれには反対だぁ……」

と、私が発した表現をやんわりと否定してくれた。それは、

「そんなことない！　あなたは正しい！」

と言われるよりも数倍心に響いた。

彼女は、私が話している間、一切メモをとらない。

それでも私の発した一言一句の意味を読み取ろうとしてくれている。もちろん仕事だからというのも分かってはいるが、数カ所・数人のカウンセリングを受け、

失望し落胆してきた私にとって、彼女に会えたことはいまでも救いであって、安心できることだった。

カウンセリングに通い始めて一年くらい経った頃だったと思う。事件からは三年半くらいだったろうか。

「あなたの言葉で、とても印象に残ってることがあるんです。『人が人を裏切った瞬間がとても汚いものに思えて寂しいし悲しかった』って、カウンセリングを始めた頃に言われたの。あなたの気持ちがとても的確に表されている気がして、その瞬間のあなたの気持ちがとても伝わって、私の心に強烈に突き刺さったような気がしたのを覚えています」

と、カウンセラーに言われたことがあった。

加害者が私に手をかけた瞬間は、加害者が、道を教えようとした私の信頼や親切を裏切った瞬間なのだ。

私は、困っている人に手を差し伸べることは、正しいことだと思ってきた。私は、道を聞いてきた男が困っていると思ったのだ。困っている、と、信じたのだ。

その一瞬の信頼を、裏切られた。

私にとっては、何より忘れられない瞬間で、ショックが大きかった。

誰かに「裏切られた」という怒りを感じたことがあるだろうか。裏切りというのは、一対一もしくはごく少数の人間が一人の人間に対して行うことだろう。そして、裏切られた側には、相手を信じていたという前提がある。

裏切られた人間は、大抵の場合、「非がない」と見られる。裏切った人間の「裏切る」という行為に焦点が当たり、その人の信用や評価に影響を及ぼすこともあるだろう。だから、裏切られた人間は、「あの人ひどいんだよ！」と公言することができる。

しかしなぜだろう。

性犯罪被害者には、それができない。

「あなたは何も悪くない」と何度言われたことか。頭で理解できても、じゃあ、「私、人に道を教えたら、車に引き込まれてレイプされたの！」と言えるか？

「もう誰にも話さないでちょうだいね」と母に言われた一言が、世の中の〝常識〟

を感じさせてくれた。被害にあったと人に話すことが〝恥ずかしいこと〟なんだという圧力を感じた。

『なんで？』

『私は悪くないんじゃなかったの？』

これが、ずっと私が感じてきた違和感なのだ。

「人に言えない恥ずかしいことをした」という気持ちを抱えて生きることの屈辱と、理不尽な罪悪感をいつも持っていた。性犯罪の被害者の悩みは、ここなのだ。誰しもが持っている常識や習慣や文化が、こんなかたちで自分に降りかかるとは思わなかった。私も、以前はその中で疑問を持たずに生きていたのだから。

そんななか、裏切られた私の寂しさや悲しさを、その言葉の重みどおりに心に留めておいてくれる人に出会えたのは、とても嬉しいことだった。自分の気持ちを分かってもらえているような気がした。

こうして私は、違和感を解消してくれる場所をみつけた。

そして日に日に、

『足りなかったものを補いたい』

『何かしたい』

という気持ちが大きくなっていった。


一人でも多くの被害者の声を聞きたいと思い、週に二回、仕事後に心理カウンセラー育成の専門学校に通い始めた。

しかしここでも私は納得できないまま、むしろ反感を抱きつつ授業を受けることとなる。


最初の授業。

「どんな人を相手にしたいか、どんな仕事をしたいか、どんなことに役立てたいか明確なものがある人いますか？」

という質問に、誰も手を挙げないので、私は、

「犯罪被害者、特に性犯罪の被害者の危機介入やカウンセリングをしたい。私自

身が経験して、足りないと感じたものが多かったので、それを補えるような仕事がしたい」

　と答えた。

「犯罪被害者」という言葉のイメージもわかっていたが、カウンセラー学校に来るくらいの人たちならそれなりに理解してくれるだろうと踏んで、あえてそのまま使った。

　が、講師はこう意見した。

「相手に気持ちを押しつけてない？　自分が辛いからって、相手も同じように辛いとは限らない」

　その後も話は続く。

「人間には意識・無意識というのがあって、いまのあなたの答えは、意識から出たもの。その奥にある無意識に気づいていない……あなたがいま誰かのためにと思っていることは、本当は自分を助けてほしいという気持ちがあって、それに気づいていないだけなんじゃない？　本当は自分が救われたいんじゃないの？」

　と、フロイトの「無意識の葛藤」論に話を持っていかれた。

『このための質問?』

正直に答えたことを後悔した。怒りがこみ上げてきて、講師から目をそらし、話も聞かずにいた。

「他に誰か?」

という講師の質問に、もう誰も答えなかった。

授業の後、生徒の何人かに「熱いよね」と言われた。

『熱い??』

驚いた。自分が「熱い」人間だとは認識していなかったから。

そう思われているなら、イメージどおり、どんどん食いついてやろう。毎回の授業でも、思いつくままに質問をしていった。「決めつけるな」と力説していた講師に、

「通り魔みたいに、自分の欲求を満たすためだけに人に手を下したり、殺人や危害を加えることは、絶対的に悪いことですね?」

と質問した。すると、

「それが悪いことだっていうのはあなたの価値観で、相手に対して押しつけているよね？　それではだめです」

との答えが返ってきた。

「じゃあ、道徳とか善悪って何ですか？」

「何でしょう……哲学的で答えが出せないね」

……はぐらかされた。

物事の善悪を曖昧《あいまい》にしてまで相手の存在を認めることが、カウンセリングなのか？

それならば私は、カウンセラーにはなれない。

被害者にとって、加害者は「悪」なのだ。

どう転んでも、私には被害にあった経験があって、被害者を守るための仕事がしたかったのだから。被害者として、社会や周りの人に分かってもらうために必要なものを探したかったのだから。

そしてもし、どこかに同じように被害を受けたり、もっともっと苦しい思いをしている人がいて、私がその人たちの存在を知ることができたなら、それは私にとって財産である。だから私は、一人でも多くの被害者の存在を知りたかった。私一人ではなく、被害者が求めていることを知るために。

結局私はこの学校に一年間通い、「熱い人」をやり抜いた。

最後まで、講師を尊敬することができなかった。

この頃の私は、いろいろな疑問や感じたことを一気に行動に変えようとしていた。

お財布に入っていた名刺を見て、刑事さんに電話をした。

突然の電話に、当時担当してくれた刑事さんも驚いた様子で、

「はぁ……」

「えーーーーと……」

と、最初は私のことも思い出せなかったようだった。それでも、都合のよい日

時を教えてくれ、私は会いに行く約束をした。

後日警察署を訪れ、刑事さんは私の顔を見て、

「あぁ！　あなたね！」

と、思い出したようだった。

「〇〇くんって覚えてる？」

と刑事さんの名前を聞かれたが、私は覚えていなかった。

「〇〇くんね、いまは異動になっちゃったんだけど、あのとき、あなたが来たとき、『俺にも手伝わせてください』って言ってきたの。張り切ってた、って言ったら失礼かもしれないけど……。あなたがスラッとして、かわいかったのもあってて……これも失礼ね。でも、あの彼がここに来て性犯罪が起きたのはあなたが初めてだったの。泣いてるあなたを見て、許せなかったみたい。結局捜査もあのまま滞っちゃって、彼は転勤になっちゃったけど……」

少し複雑だったけど、覚えていてくれたので安心した。

「あなたが現場検証に来るまでの間、手帳に細工しててね……」

私は、舘ひろしの写真を切り貼りしていた刑事さんを思い出した。

「あれ、嬉しかったです」

「あ？　見たんだ？　よかった。彼に会ったら伝えておくわね」

直接その刑事さんにお礼を言いたかった。

私は、その後の捜査の進展と、市内の事件数の状況を聞き、事件後の私の心境を話した。

刑事さんは驚いていた。

「あなたがそんなふうに感じてるとは少しも思わなかった。しっかりしているように見えたから、もう元気に生活していると思って安心していた」と。

私は彼女に、被害者支援都民センターについて聞いてみた。

「都民センター？　あ〜！　これかな？」

と、書類の山の中からヨレヨレのパンフレットを出してきてくれた。聞けば、被害者に警察側からこのパンフレットを渡したことはないそうだ。

今後、私と同じような被害にあった人が一人で警察に来るようなことがあったら、そのときはセンターの存在を教える。こう刑事さんは約束してくれた。

また、被害者支援都民センターで、何か手伝えることはないかと思ったのも同じ頃だった。

「ボランティアや職員の募集はしていませんか？」

「何でこちらをお知りになりましたか？」

「私自身、性犯罪の被害にあった者です。知人にセンターの存在を聞いて、私にもできることはないかと思いまして……」

「それは大変でしたね。お声を伺った感じ、お若い方のように思いますが、おいくつですか？」

「二十六です」

「そうですか。現在、職員の募集はしておりません。ボランティア募集はありますが、四十歳以上の方に限らせていただいています」

「では、私のような年代の人間にはできることはないのでしょうか」

「あなたがそうやって誰かに、被害者の思いや存在を話すことも、被害者支援の活動と言えるのですよ」

私は少し馬鹿にされたような気分になった。

「例えば同じような被害にあわれた方が集まった自助グループへの参加はできませんか?」

「検討はしているのですが、現在、性犯罪の被害者の自助グループがありません。なかなか表に出られない方々が多いようで」

「私が立ち上げるには、どうしたらよいですか? そちらのセンターで自助グループの活動の場を提供していただくことはできますか?」

「先ほども申し上げましたが、四十歳以上の……」

「そうですか。わかりました。ではもしも今後、そのようなグループを起こすお話が出たときは、私にもお手伝いさせてください」

と、私は携帯電話の番号を告げた。いまだにかかってきたことはない。

りょうちゃんにこの話をすると、

「え? 都内に自助グループあるよ」

とさらりとした返事があった。

他にも数人から自助グループの存在を聞いた。

「職員の募集は不定期だけど、三十歳以上じゃなかったかな」

「年齢制限なんてないはず」

と、情報が錯綜《さくそう》した。

後日、都民センターのボランティア募集があった。要項には「応募資格は三十歳以上」とあった。

二十代だった私は、資格外を承知で応募してみたが、何の連絡もない。問い合わせてみると、

「年齢対象外のため、『除外』しました」

とのこと。

ボランティア活動をするための講習も受けられない。被害者支援だからといってわがままが通用するとは思わないが、いま一度、被害者の声に耳を傾けてみてもいいのではないだろうか。少なくとも私が抱いた印象では、都民センターに行くことは勧められない。私自身は都民センターのケアを受けていないので、本当はこんなことを書くべきではないのかもしれないけれど。

でも、年齢の制限がある理由を知らせてほしかった。なぜ二十代の私にはサポートができないと判断するのか。


この頃、ふとつけたテレビの番組で、息子を集団暴行で亡くした母親が、少年院で講演をしている光景を見た。

母親は、息子の顔写真を缶バッチにして胸にいくつもつけ、赤ん坊の頃〜小学生時代〜中学生時代と、年代を追って数枚もの写真をパネルにして掲げていた。そして「こんなに素直な子でした」「私にとっては目に入れても痛くないかわいい子でした」と、遺族の（正確には母親の）思いを訴えていた。

加害者に被害者の声を伝え、少年たちの更生に役立てる、という趣旨の講演だったようだが、それが、被害者のやるべきことなのだろうか。

数カ所の少年院で講演が行われているのだから、少年たちの更生には役立ってはいるようだ。加害者の少年たちも、

「被害者の家族の気持ちなんて考えたことなかった」

「自分の母親のあんな姿は見たくない」

とコメントしていた。でも……。

『パネルは必要？　バッジは必要？　赤ちゃんの頃の写真が必要？』

『このお母さんは、まだ講演をできるほどの心情ではないのでは？』

『それとも、〃その判断がつかないほど、被害者の遺族は辛い思いをしていること〃を訴えたかったのか』

その姿を見て、私はいろいろなことを考えた。

遺族はあくまでも遺族。辛い気持ちは察するが、当事者ではない。私は「犯罪被害者」としてこの人とひとくくりにされることに、微妙な違和感を抱いてしまった。


私たち性犯罪の被害者はどうしたらいい？

レイプされる前の裸体をパネルにして、訴える？

「こんなにきれいな身体でした」

「暴行を受ける前の顔です」

そうじゃないんじゃないの？

もしかしたら、そのお母さんの行動は、正しいのかもしれない。見ている人間が同情し、犯罪への怒りを新たにするかもしれない。

でも、遺族の気持ちは、空回りしていることもあるのでは？


残された遺族は、被害を、簡単に他人のせいにできる。警察の対応が、道路舗装が、国が、行政が、加害者の親が……。被害者を思えばこその行動ではあろうが、もしもあなた方の身近な大切な人がそんな目にあわなかったら、今の気持ちに気づいただろうか。

それは、生き残った当事者である私にも当てはまる。

でも、気づいても誰のせいにもできずにいるのが、性犯罪被害者。

あの道を歩いたこと、その場にいたこと、容姿にまで後悔と反省を重ねている人さえいる。生まれてきたことや自分の存在そのものに矛先が向き、命を絶った人もいる。

自分の大切な人を傷つけられたら、その人の心は傷つく。でも、当事者にとっては、その傷つけられた大切な人、が、自分自身なのだ。気持ちも痛みも整理できない。自分には同情することもできない。家族や遺族ができること・感じることと、被害当事者ができること・感じることは違うはずだ。

『被害当事者を支援する活動がしたい』

その思いは、ますます強くなっていった。

被害者支援の本や加害者の本、事件の本など、いろんな本を探しては読んだ。しかし、どんな本を読んでも、私の持っている違和感が解消されるどころか、余計に疎外感や、違和感が膨らんでいく。

なんとなく、遺族を支援するものが多くて、私が感じている気持ちと合わない……。難しくてわからなかったり、なんか違う。

ある日の昼休み、職場の近くの本屋でまたフラフラと本棚を見ていると、『犯罪被害者支援は何をめざすのか――被害者から支援者、地域社会への架け橋』という本が目についた。

きれいなブルーの表紙で、私にもサッと読めそうな、冊子タイプの本。

『犯罪被害者ってなんだろう』『当事者と遺族・家族との関係は?』という私の疑問に答えてくれそうな、やわらかいタイトル。

その著者が、片山徒有《ただあり》さん。

読み終えて、片山さんがどんな人なのだろうと気になり、インターネットで検索してみた。

勉強会の開催や、被害者支援に関連するサイトにヒットする。

片山さんの本や、片山さんのホームページが、これまで読んできた本や得た情報と、何が違っていたのかはわからない。

ただなんとなく、すっと馴染《なじ》む感じがして、連絡してみたいと思い、「私は性犯罪の被害にあった者です」と、メールを送ってみた。

片山さんは、すぐに返事をくれて、何度かメールのやりとりをした。

片山さんのメールの中で、とても印象に残ったのが、「心の痛み」について書かれたものだ。

頂いたメールではっと考え込んだ事がありました。

「痛みを感じる気持ち、危機への対応」です。

もしかすると、警察、検察、市民は「痛み」ではなく「傷み」と誤解しているのではなかろうかと思うのです。

その差はどこにあるかと言うと文字通り「痛み」は当事者にしか解らないもので「傷み」は社会的に回復可能な損傷という風に、明確に違いがあると思います。

その「痛み」がなんで解らないかというと、やはり「教育」ではないかと思います。

私が送ったメールの文中に書いた、心の「痛み」という漢字について、彼は考えてくれたのだ。実は私も、どちらの漢字を使おうかと迷った結果、「痛み」とすべて書き換えてメールを送った（私には漢字の違いを説明できる的確な理由もなく、ただ感覚でそうしたのだが）。だから、この返事をもらったとき、本当に驚いた。なぜ私の迷いが伝わったのか、なぜ彼がそこに気づいてくれたのか……。嬉しくて、驚いて、感動にも似た気持ちだった。

「痛み」と「傷み」。この返事に、私自身も考えさせられた。

例えば、「針を刺したら痛い」。

その痛みの感じ方は、個人によってそれぞれである。注射が大の苦手の人もいれば、平気でできる人がいるように。

ただ、多かれ少なかれ、針を刺したら「痛い」はずなのだ。痛みを我慢できる人・できない人。我慢できる人が、痛くないわけではないだろう。我慢できない人が大げさなわけでもない。もしも本当に痛くないとすれば、身体のどこかに故障があって、感覚が麻痺《まひ》している。もしくは麻痺してしまうほど身体がダメージを受けている可能性だってある。

「お友達に針を刺したらダメよ」と、大人は子どもに教える。それと同時に、「誰かの心に傷をつけるようなことをしてはいけない」「人が嫌がることをすると、された人は身体的にも傷つく。それは外傷だけではない。吐き気や震え、思考停止など、気持ちへの影響もあり得る」ということも教えるべきではないだろうか。

本来、「お友達に針を刺したらダメよ」という言葉の真意には、「お友達に針を刺すと、そのお友達は痛いだけじゃなく、そのとき感じる〝恐怖〟っていうものによって、ずっと苦しい思いをすることになるのよ」ということまで含まれているはずなのである。それを、どれだけの人が理解しているのだろうか……。

片山さんは、私が「なんとなく」感じることを、表現し、行動し、気づかせてくれる。まだ「思いつき」で行動していた私は、たくさんのアドバイスをもらった。

片山さんとの出会いは、私を前向きにしてくれた。

また、毎日の生活の中で、『なぜレイプがいけないのか』と考え続けてもいた。少なくとも、私にとってセックスは初めてのことではなかった。飲みに行った席で初めて会った人や、不特定多数の異性と関係を持つ友人もいる。私はその友人に否定的な感情を抱いたことはないはずだ。「酒に酔った勢いで」。そんな話もよく聞く。

そうした人たちは、罪悪感を抱き、何年も悩み続けるだろうか。

家族との関係を見直したりするだろうか。

同意のあるセックスとないセックス。何が違うのか、答えが見つからない。実際違わないのではないか。『同じだ！』そう結論づけることで、安心したかったのだろう。

『私は汚れていない』

『悪くない』

『恥ずかしいことじゃない』

『傷つく必要はない』

『特別なことじゃない』

そう思える理由がほしかった。

相手がたまたま知らない人だっただけ、話す時間が短かっただけ、そう言い聞かせようとすることもあった。

また、こうも考えようとした。

『あの人たち（加害者）はレイプを悪いことだと思わない人なんだ。私は悪いと思う人間なんだ。価値観がちょっと違う。ただそれだけのこと』

しかし、いくら自分に言い聞かせ、納得させようとしても、自分の気持ちがおさまらない。


それならば、同じ価値観の人たちの間で事を済ませてほしい。

理由なんかはっきりわからなくても、私を含め、言いようのない気持ちで傷ついている人間がいる。それが事実で、誰かにそう思わせることは、やはり悪いことなのだ。


彼らは楽しんだ。自分たちの欲望や冒険心や好奇心を満たすために、私はその道具として使われた。

私は、いまどこでどうしているかも知れない加害者を許すことができない。

しかし、私が許せないのは、彼ら個人ではなく、彼らが自分の興味や欲望を満たすためだけに他人を巻き添えにしたことである。彼らはきっと、何も気づいていないだろうし、もう私のことなんか忘れているはずだ。

もしも覚えているのなら、「ごめんね」と思っていてほしい。

ある日、「シンちゃん」からパソコンに、曲と詞が送られてきた。「お前が聴け」と。

私が好きな、Mr. Children の「タガタメ」という曲だった。

メッセージ性が強いので、すぐにCD化せずにラジオ限定で流すことから始まった曲。

子供らを被害者に　加害者にもせずに
この街で暮らすため　まず何をすべきだろう?
でももしも被害者に　加害者になったとき
かろうじて出来ることは
相変わらず　性懲りもなく
愛すこと以外にない

タダタダダキアッテ（ただただ抱き合って）
カタタタキダキアッテ（肩叩き抱き合って）
テヲトッテダキアッテ（手を取って抱き合って）
タダタダタダ（ただただただ）
タダタダタダ（ただただただ）
タダタダキアッテイコウ（ただた抱き合っていこう）
タタカッテ　タタカッテ（戦って　戦って）

タガタメ　タタカッテ（誰がため　戦って）
タタカッテ　ダレ　カッタ（戦って　誰　勝った？）
タガタメダ　タガタメダ（誰がためだ？　誰がためだ？）
タガタメ　タタカッタ（誰がため戦った？）

これを聴いて、私は泣いてしまった。

周囲になかなか理解されていないと感じていたぶん、

『なんで、この詞を作った人は分かるんだろう？』

『何でこの人が分かるのに、私の親は分からないんだろう？』

という悔しさからだった。

この曲を聴いて、「重い曲だね」「ずっしり来た」といった感想を漏らした友人がいた。「重い」という言葉に、私は少し、自分が突き放された気がしたのを覚えている。

被害者が自分たちの気持ちを世に広めようとしたり分かってもらおうとしたり

するのは、やっぱり怖いし抵抗がある。

それを前面に出さず、軽く、とっつきやすいかたちで社会に伝える本や音楽があり、それも被害者の会が作った曲を売り出すのではなく、共感した曲があって、共感した人たちがいて、たまたま、みなが一緒に活動できたら……。

ひとりになって部屋で事件のことを考えるときは、「タガタメ」を流していた。

私も、この曲のように、自然に、何か伝えていくことはできないだろうか……。

合流

『性犯罪被害者のことを知ってほしい』

と思う気持ちは、どんどん大きくなっていった。

たくさんの被害者に会える仕事へ転職を決めた。

法律相談に訪れる人の対応をする仕事。性犯罪の被害者ではなかったが、悩みを抱えた人たちが情報を求めて問い合わせたり、訪れてくるところ。

毎日、ひっきりなしに電話がかかってくる。


事件から四年半が経ち、こうして書き留めていくうちに、気持ちや事実の整理がずいぶんできてきた。

何かが片づいた感じがして、自分に起こったことも、把握できてきた。

夫とは、生活はうまくいっていたが、相変わらず気分は悪くなり、「吐く」ことから抜け出せない。

夫はともかく、周りの友人や親戚《しんせき》から、「子どもは？」と聞かれることも多くなってきた。「結婚」という縛《しば》りが、私にはとても大きくのしかかった。『子どもをつくらなくちゃいけない』と。

嘘をついて繕《つくろ》うことは好きじゃない。そこから逃げるのは簡単だ。でも、せっかく人並みに、「順調で幸せ」だと思われそうなかたちを整えてきたのに、それを崩すことは、一度安心させた両親にまた心配をかけることになる……。私自身、まだ立ち直れていないと思い知らされる気がして、離婚を簡単に言い出すことはできなかった。

自分を追い込みたくて、家を買ったりもした。

「続けていかなくては……」

そう思うことが、ますます自分を苦しめていった。

どんなにかたちを整えても、整えれば整えるほど、押さえつけられる力を感じるようになり、吐いたり、発疹《はっしん》など、身体に症状が現れるようになった。

家に帰ることも嫌になり始めた頃、私は夫に、離婚したいと伝えた。

突然のことに、夫は驚いていた。

本当の理由を伝えたくなかった。

「嫌いになったわけじゃない」「悪いところがあるわけじゃない」という曖昧な私の申し出に、夫はなかなか応じてくれず、いろいろな解決策を提案してきた。が、夫とのセックスの後に吐いていたことを打ち明けると、承諾してくれた。

そして二〇〇五年十二月、離婚をした。

夫を傷つけてしまった……。


私は思い立って「シンちゃん」に会い、初めて当時の気持ちを聞いてみた。彼に会うのは三年ぶりである。

時間が経って、事件当時のことを彼が覚えているかも分からず、また、事件直後の私の様子を知る人に事件の日のことを聞くのは初めてのことだった。

事件の日、私を見たときに何を思ったのかを尋ねてみた。

「覚えてるよ。(八月)三十一日になると思い出してた」

「悔しかったよ。どうしよう……歩道でわんわん声をあげて泣いているお前を、人目につかない安全な場所に連れて行かなきゃって思ったよ。車も人もたくさん通るし、コンビニの前で明るかったろ。ぶつける場所のない怒りが込み上げてきてどうしようもなかった。ヘルメット投げちゃったし……。

お前がどうしたいのか俺には分からないし、お前自身が分からなかったみたいだったから、どこか安全な場所に行きたかった。それだけだったよ。後は俺がただ『うぉーー！』ってなっちゃって」

私は、ところどころ記憶が抜けている部分についても聞いてみた。

――警察からの帰りはどうやって家に帰ったか覚えてる？　自転車じゃなかったのは覚えてるんだけど……。

「覚えてないのか？　警察の車で送ってもらったんだよ。お前を先にアパートに送って、俺は後で降ろしてもらったはず……。シャツを貸してくれた男の刑事さんが運転してたんじゃなかったかなぁ」

――シャツ？　私、シャツを着替えたの？

「そうだよ。写真を撮った後、着替えてたろ？　俺、部屋の外で待ってたもん。刑事さんが、お前の服を見て、貸してくれたんだよ。ブルガリの香水の匂いがしたシャツ……覚えてない？　俺しばらく同じ香水をつけてる人とすれ違ったりすると、苦しかったよ。あのときのことを思い出してね。いまでもたまに思い出す」

驚いた。私は何にも覚えていなかった。

警察から家までの道のりは、言われて初めて、車の中でアパートまでを案内している彼の姿を思い出せたような気はする。しかし、シャツの一件は、私がまったく忘れていたことだった。

確かに、いつまでもボタンの弾かれたシャツを着ていたようには思えなかった。

私は、そのシャツを……返したんだろうか……。

「重たい鞄《かばん》を持ってあげるみたいに、俺にも半分痛みが分かればよかったんだ。でも俺はお前の気持ちを、どう頑張っても一〇〇％は分かってやれない。男だし、想像しても話を聞いても、お前が見て感じて、怯えた本当の気持ちを分かってあげられないことが何より辛かった。守ってやりたいのに守ってやれなかったことが悔しかった。結局俺には何もできなくて、だからずっとお前の側にいてやれなかった」

彼はすべて覚えていてくれた。

——でも、あれから私はすごくわがままだったでしょう？「迎えに来てよ」とか「見捨てるの？」とか……。そういう私を見ていて、困ったり、腹が立ったことはないの？

「それは仕方ないよ。不安になったり怖いと思うことが増えたのは、当たり前だと思ってたし。ただやっぱり、自分が支えてやれてないのが悔しくて。責任だって感じる。だって、そのときは、俺が近くにいたんだから。何でできないんだって自分を責めたよ。

一番辛かったのは、何もしてやれてないって思うばかりだったこと。『俺も襲われたい』って、いつも思ってたよ。そしたら少しは分かってやれるかなって……」

俺も襲われたい——。

私は、そんな彼の言葉を聞いて、苦しくなった。

男である彼に、そこまで思わせてしまったことに、申し訳ない気持ちでいっぱいだった。同時に、そこまで私のことを考えてくれていた彼に、感謝の気持ちもあった。

彼はこうも話した。

「あれ以来、いろんな犯罪やニュースに敏感になったよ。通り魔とか強盗とか、何でも。被害にあった人は、お前みたいに怯えて震えて生活してるのかなって考えちゃう。

いまの彼女が一人で駅から歩いて帰るって言うときは、家族に迎えに来てもらうようにお願いするか、それがだめなら家に着くまで起きてて、到着の連絡を待ってる。会ったときは、絶対家まで送る。大丈夫って言われてもね。理由は言わないけどどね。俺は一度、見たんだもん。どんなに大変な思いをして生活しなきゃいけないか、かかわった人じゃないと分からないよ。そんな思いをする人が、一人でも少なくて済んだらなって……」

「俺が半分背負ってやる」が彼の口癖だった。いま思えば、私も彼も、その言葉を信じていたら楽だったのかもしれない。

彼は半分背負ってるという責任を果たした気持ちと、私は半分彼に預けている楽《ラク》さと。

でも、彼が責任を感じる必要は、少しもない。私は彼に責任を感じてほしくなくて、彼と別れたはずだ。

いま私がこうしていられるのは、彼の存在があったからだと思う。当時は知ることも気づくこともできなかったが、彼は、私と違う苦しみをずっと感じていたのだ。

ただ、そのことを「私には言えなかった」と教えてくれた。それくらい私のことを考えていてくれて、私が泣いていたのと同じ時間、苦しみ考え続けていた。

それを私は、『当事者と周りの人間の苦しみは違う！』と、自分のことで精一杯だった。

彼は、

「それでよかったんじゃないか？　お前が辛いのは、見てればわかったから。俺よりももっといろんな苦しさがあることもね」

と言ってくれた。

改めて「シンちゃん」に感謝した。いや、冷静にきちんと感謝できたのは、そのときが初めてだったかもしれない。当時の私の様子を記憶に留め、メールや手紙も、当時のものを残しておいてくれた。その事実がどんなに心強いか。彼は気づいているだろうか。

当時、私は、両親よりも、兄弟よりも、友人よりも、誰よりも彼に頼っていた。直後に電話をしたときに、彼もそれを解っていたはず。

『誰も護《まも》ってくれない』

『誰も支えてくれない』

私がそう思っていたことを、何度となく伝え、ぶつける相手が、私にはいた。解ってくれてないことを分かってほしいと訴える相手。たまたま私にとってはそれが彼であっただけで、人によってはその相手が両親であったり友人であったり兄弟であったりするだろう。

誰にも言えない人もいるだろう。メールというかたちでもいい。インターネットでもいい。どこかに吐き出してほしい。

誰でもいい、自分が知る人の中から、たった一人でも、この人ならと思う人に、すぐに話すことができたら、起こったことやそのときの気持ちや状態……その事実の存在が欠けることなく守られるのではないだろうか。


友人からも、大切なことに気づかせてもらった。


二〇〇四年八月、イギリスに留学した友人が三年ぶりに日本に戻ってきた。「異性」としてつき合おうとした彼。目の前で吐いてしまった、彼だ。

彼は日本に戻ってすぐ、亡くなった。自ら命を絶ってしまった。

私は自分が死んだときに思い出してもらうために、事実を大切な友人には伝えたい――と前に書いたが、私は彼に起こった事実をほんの少ししか把握できていなかった。

彼が日本に戻ってすぐ、私は彼と電話で話をした。

「もう男が怖くて吐いたりしてないか？」

「夜道は平気か？」

彼の前で吐いてしまったとき、何も知らずに私の姿を見て、傷ついたのは彼のはずだ。

それを、三年も経って日本に戻ったときまで彼は忘れずに、しかも私を気遣ってくれた。

私のことを気にかけていてくれた人がここにもいたことに、私は気づけなかった。

「頑張れたじゃん」

と、彼は私にそう言った。

「俺が頑張れって言って、もしお前が頑張れてたら、俺も嬉しいでしょ？」

これが、「頑張れ」の正体だった。

「話したいっていうか、聞いてほしいことがあるんだ」

と彼は言っていた。

すぐに……とのことだったが、私はそれを断って、

「じゃあ、また後で日にちを決めよう」

と答えた。その後、彼の連絡先が分からなくなってしまい、会うことができなくなってしまった。

それでも友人を介し、彼が私に残してくれた言葉や思いを聞くことができた。

私なら必ず大丈夫になれると信じていてくれた彼の気持ちは、私のこれからの大きな支えになり続けると思う。

私が頑張ることを嬉しいと感じてくれる人がいる……。

ずっと、そんなふうに感じられなくなっていた。

私には、相手を思う気持ちがいつのまにかなくなっていた。

自分のことに精一杯すぎて、何もできないでいた時間が、それに慣れさせていったのかもしれない。

支えられることばかりを考えて、相手に求めてばかりの自分になっていたことに気づかせてくれたのは、彼の一言だった。

そんなときだ。

「被害者面《づら》すんなよなぁ」

電車の中で、男子高校生が話していた言葉がふと耳に入ってきた。彼らが何の話をしていたかは不明だが、私は少し、ドキッとした。

私は、そんな「面」を持っているかもしれない。

『被害者の気持ちなんて誰もわからない！』

と開き直り、周りを馬鹿にする感覚さえあったと思う。

いまでも分かってもらえないことや足りないと思うことはたくさんあるが、被害者面をしていても、得することは何もないように思えてきた。

直後はいい。

『当事者にしか分からない！』

『誰にも分かるはずない』

『分かってもらえない』

と思うことは、正解ともいえる。

実際、直後の動揺や硬直や恐怖や混乱を誰よりも強く感じているのは本人なのだから。いまの私がまたあの感覚に戻れと言われたら、私は全力で逃げるだろう。思いっきり被害者面すればいい。だけど、私や「りょうちゃん」がそうだったように、被害者「面」をしていた自分を客観的に見られる日が、いつか必ず来るはず。いつか必ず、自分が感じられなかったことを、自分のこととして感じることができるはず。これは気休めでも何でもなく、私たちが身をもって体験したことなんだ。

〝事実を受け止める〟こと。

これが被害者にも周りの人たちにも、何よりも必要なことなのではないか。

事実とは……。

被害者にとっては、

「被害にあい、自分の身体や気持ちが傷ついていること。そしてそれは他人の手によるものであり、決して自分の非を探す必要はないということ」

　周りの人たちにとっては、

「自分の大切な人が、悩み苦しんでいること。それが自分ではなく、その人であること。自分の苦しみの発端は、被害者本人の辛さがあってこそだということ。そしてそこには、絶対に悪い、第三者の手が下されていること」

　当事者としての苦しみと、その周りの人たちの苦しみがあって、それぞれが自分に起こったことをきちんと受け止めることが、意外と難しいのだ。そのうえで、当事者としての気持ち、近くにいる者としての気持ちを、きちんと相手に伝えることが大切だと思う。


　私が被害者面をして過ごしたこの数年間、ものの見え方が、屈折していた。自分のことさえも。だから、親、兄弟、友人、すべての人と上手くいかなかった。自分のせいではないという思い、かといって、家族のせいでもない。

　いまとなっては、加害者の顔もうろ覚え。証拠もない。もしかしたら、全部夢なのかもしれない。事件の夢を見た私が、目覚めた恐怖で彼を呼び警察に足を運んだ。それが「事実」なのかもしれない。……だったらいいのに。

でも、私は思う。自分が感じていることが事実なんだ。真実は、私の知覚の中にしかないのだ。

絶対的な「事実」を追求するのではなく、それぞれの中にある「事実」を伝え合うことが、支援であり、私たちが一番求めている「理解」なのではないだろうか。

レイプの被害にあって、私は、何が変わっただろう。

振り返ると、あの日、私は放たれた矢のように、何か一つの方向に向かうエネルギーを得たように思う。

最初は何も感じることができなかったかもしれない。しかし、その後、必要以上のことを考え、感じ、行動力に変えてきた。

二年くらい経った頃から、自分に目が向き始めた。

そして、三年くらい経つと、日に日にそのエネルギーが落ちていくのを感じてきた。時間が解決するというのはこういうことなのだろう。寂しいことに、行動を起こすまでの強いエネルギーが失われていくのも感じている。

いままでは、風化を嫌い、自ら嫌な出来事を思い出す努力も続けてきた。しかし、いまでは思い出す努力を定期的にはしなくなってきた。思い出さないほうが楽だから。

周りの人間が言い続けた、「忘れなさい」という言葉の意味は、私にとって楽な状態を願ってのことだったのか。こう思えるまでに、私は四年もかかってしまった。

事件の日のことを思い出さない日々は、確かに楽である。でも、忘れることへの違和感や罪悪感はいまもなくなることはない。

『なかったことにして、得をするのは誰?』

私は何も嬉しくない。もともと、自分ではつくり出すはずのない感情や痛みを、要らないものを受け取ったのだから。得をするのは、絶対に加害者だ。

私はかつて、自分の誇りは何かと尋ねられたとき、こんな事件にあったことを乗り越えたことだと答えたことがある。いまでは、そんなことを他人に伝えた自分が、本当に乗り越えていたとは思えない。乗り越えたと強がっていないと自分自身を救えなかった、そんな気がしてならない。

乗り越えたかどうかはいまでもわからないが、命を絶たずにこうして生きていることが、自信にはなっているかもしれない。でも、こんな経験は必要なかったはずだ。事件を乗り越えて自信をつけるくらいなら、「人生で一度も事件にあわなかった」と自信をつけたかった。

時間が経つと、被害への感覚が変わってくる。加害者への恨みでいっぱいになったことは、私には今までなかったように思う。あるとすればそれは、何かがうまくいかなかったときや、「シンちゃん」と別れたとき、『あの事件さえなければ』と、自分の決断の引き金を、他になすりつけたかったときくらい。

加害者に対しては、いまも恐怖が先に立つ。顔や体臭を思い出そうとすると、相手を特定しようとすると、「カン！」と頭の中にショックが走り、拒否にも似た、考えられない状態になる。

加害者はいま頃何を考え、どう過ごしているのだろう。私を襲ったことなど忘れてしまっただろうか……。

「連れ込んだ女が生理でさぁ」と友達に笑いながら話しているだろうか。そう考えると、悔しくてたまらない。

『お願いだから、反省していて』と思う。

私はもう二度と、泣きながら自転車をこいだりはしない。

両親とは、事件の話をしなくなってから、うまくいくようになった。「言っても分かってもらえない」という思いから、本心をぶつけることもなく、お正月には一緒に食事をし、「元気だよ」とメールを送る。

離婚をしてそれを報告したとき、母は無言だった。

「いつもあんたは後で言うから、私は何も言えないじゃない」

と困ったような表情だった。

理由を話すと、父も困惑していたが、どこか二人とも、私によそよそしい……。頑固な私には、何を言っても無駄、と感じているのだろうか。

事件のことを理由に出されては、反対もできない……私も両親もそう感じていたのだろう。大きな衝突は、起こらなかった。

それが、表面的には「うまくいっていた」のだ。

私が両親に抱いた不信感や距離感はいまも消えることはない。見てはいけないものや見ないほうがよかったものを知ってしまうこと、これが被害者の一番のダメージなのかもしれない。事件を機に知ってしまったことは、すべて「なかったこと」にして生活をしていかなくてはいけない。

被害損ということなのだろうか。いや、だから「被害者」なのか。

忘れるということの大切さは知っているつもりだ。ただ、忘れてはいけないこととの大切さもまた、見直してほしい。自由や自己主張が許され、受け入れられ始めたこの国に、曖昧にされるものが増えたこの社会に、それによって苦しめられている人たちが少しでも減りますように。

それから

法律相談の業務に転職して、私は予想以上に多くの被害者に出会った。法律にかかわる仕事を選んだのは、そのためだった。制度や機関の情報も増え、裁判などの仕組みも見えてきた。

仕事以外にも、性暴力被害者の自助グループ運営を手伝い、「仲間」ともいえる、いろんな被害者に会うこともできた。

被害者の相談を電話口で耳にする一方、加害者といわれる人たちに弁護人を付する業務も経験し、事件の事実について、被害者側でも加害者側でもない、裁判官や検察官の視点で書かれた書面も目にした。

性犯罪であれば、被害者の心情はもちろん、加害者の事情も書かれている。感情移入とまではいかなくとも、ふと、自分を当てはめてみることもあった。

私は被害経験者だ。

どんなに被害者に非がある、加害者が一〇〇パーセント悪いわけではないといわれても、その被害者が「イヤ！」と感じた気持ちは大切に汲《く》みたい。

性犯罪の被害者が、名乗りを上げて権利を主張する場は、まだない。あっても、出られないのかもしれない。だから、制度が変わろうとするとき、犯罪被害者支援が取り上げられるとき、どうしてもその中に「性」犯罪被害者の声が、反映されにくい。

二〇〇七年三月。閣議決定によって刑事訴訟法の一部を改正する法案が国会に提出された。この法案が通れば犯罪被害者が刑事裁判に参加できることになる、と聞いて、

『私の犯人が捕まって裁判になったら、私も出たいと思うかな？』

と考えた。

いや、いまさら犯人になんて会いたくない。

『誰のためにそんな権利が？』

と疑問に思っていると、片山さんが新聞に載っているのを目にした。片山さん

は、その法案成立に「待った！」をかけていた。

久しぶりに片山さんに連絡し、彼が立ち上げた「被害者と司法を考える会」の仲間に入れてもらった。

会議に参加すると、そこには学者や研究者などの専門家がズラリと並び、私はその席ではほとんど発言せずにいた。

シンポジウムを開くことになり、パネリストを検討するなか、

「被害者自身の声があったほうがいい。誰か……」

という話になり、

「私でよければ……」

と申し出た。

「本当にいいの？　無理しないでいいよ？」

と、心配してくれる人たちがたくさんいた。

その日の夜、りょうちゃんに報告をした。

彼女の意見はいまでもいつも参考にしている。迷ったときは、私は必ずりょう

ちゃんに相談する。

「話しておいで、同じ意見だよ」と背中を押してくれた。

シンポジウム当日、

「イヤになったらいつでもやめていい。すぐにサインを出してね。隣にいるから」

という仲間たちのサポートを受け、

「小林美佳です。七年前に、性犯罪の被害にあいました」

と、発言した。


シンポジウムが終わると、たくさんの記者が、

「記事にするときは、名前を出していいのですか?」

と、確認に来た。


そんなに珍しいことなのかと驚いた。

この発言が、私に新たな発見と機会を与えてくれることになった。

数日経って、「ＡＥＲＡ」という雑誌の女性記者から「会って話を聞きたい」と連絡をもらい、取材を受けた。

私が思っている以上に、丁寧に、そして慎重に話を聞いてくれる。言葉を選びながら、私の様子を見ながら、私の言葉を可能な限り引き出そうとする。

私が言おうとしていることを、感じてきたことを、正確に聞き取ろうとしてくれた。

これは、私にとって、新たな発見だった。

こんな機会があったのは、あのボクサーの友人以来初めてだ。

「小林さんが思っていることを、読者に誤解されたくない」

そう言ってくれた記者は、何度も何度も私と顔を合わせ、私が見せたこの手記の原稿をすぐに読んでくれて、次に会ったときには、「この部分、もっと聞きたい……」と原稿にたくさんの付箋《ふせん》がついていた。

隠さなきゃいけないの……？とずっと葛藤してきた私にとって、私の話に耳を傾けてくれ、「誤解なく伝えたい」という、この記者の言葉は、とても新鮮で、「伝えることに意味があるのかな」という私の迷いを吹き飛ばしてくれるものだった。

何度も取材を受け、できあがった記事は、写真も内容も、自分じゃないみたいだった。

でも、私の経験したことや感じたことが、とてもわかりやすく記事になっている。

私のことを、私以外の人の言葉で表現されるのは、すごく不思議な気分だった。

また、その記事を見たというテレビ局のディレクターから、ドキュメント番組の取材の申し込みがあった。

連絡をくれたのは、私の一つ歳上の女性。最初の印象は、それまでの記者と違って、配慮の足りない人かなと思った。

その瞬間、配慮されることが当たり前だと感じている自分に気づき、いけないと思い直した。

分かってもらえない、と決めつけ、伝えることを諦めてしまうのでは、伝わっていかないと思ったから。

歳も近いし、友達感覚で伝えてみよう。

ところが……とにかく次から次へと、たくさんの注文をしてくる。

彼女の伝えたいことも分からないのに、協力なんて何もできるわけがない。その前に、私が感じていることをちゃんと分かってもらっているのかも心配になった。

相手が遠慮なく要求してくるぶん、私も遠慮なくはねのけることにした。

正直、まだ身体や気持ちは辛くなることもあって、私はできる「限り」じゃなく、適当にできる範囲で応えることにした。

イヤなものはイヤと伝える。

これは、私たち性犯罪被害者が、被害にあったときに抱えたコンプレックスみたいなものだ。

ここで自分の意見を言わずにただ相手の要求を受け入れることは、セカンドレイプと呼ばれる、二次被害のようなもの。

このときばかりは、私の仲間のためにも、と、同じ被害者の影が支えとなり、無茶な要求には応えない、とはっきり相手に伝えた。

彼女も、それを受け入れてくれた。

ディレクターからの注文の一つに、自助グループや職場、家族の写真、被害者である友人、自宅、実家への取材があった。

これらはすべて、断った。

友人からも家族からも、喜んで取材に応じるなんていう返事は得られない。これが現状であることが、ディレクターにも伝わった。

私には護らなくてはならない環境や仲間がいる場所があること、私の周りの人たちには一切迷惑はかけられないことなどを説明した。

「知らないことが多すぎた」とディレクターは答えてくれた。

カメラマンに、私はある質問をぶつけた。

「泣いている私の姿を撮るのは、どんな気分ですか?」と。

カメラの前で泣いたとき、私は、警察で写真を撮られたときのことを思い出したのだ。

「……痛いです。胸が」

「目でごめんねと伝えるしかない」

と、そのカメラマンは答えてくれた。

あのときの刑事さんは、どう感じていただろうか。

「私たちは、美佳さんを近くで見させてもらっているぶん、編集やここにいないスタッフが好き勝手なことを言ってくると、すごい討論になるんです。ちゃんと向き合わないと分からないことだって、私たちも学んだ」

こんな一言を、ディレクターとカメラマンと音声担当者からもらった。

私が当たり前だと思っていたことでも、「伝える」ことの意味を、ほんの少しだけ感じられた。

とはいえ、「仕事」として私の話を聴いてくれようとする人たちは、まだまだ私たちの声を理解して拾ってくれているわけではない。

取材の場で交わした約束を断りもなく破るなど、テレビとは、新聞とは、こうしなければ成り立たないと、当たり前のように「仕事」と割り切ってぶつかってくる。

顔を出しているからもう大丈夫だろう、それなりの覚悟ができていて名前も顔も出したのだろうと思われている気がしてならない。

それじゃダメなんだ、と分かってもらうために、私は顔と名前を出した。

顔を出したから、人の希望に全部応えられるのではなくて、私たちの希望に応えてもらうために、正しく希望を聞いてもらうために、私は声をあげた……つもりだ。

既存の環境に当てはめるのでは、いままでと何にも変わらない。

いまのままじゃダメだから、伝えなきゃと思ったんだ。

きちんと、要望を伝えていきたい。

伝えなくちゃと思う半面、私には、護《まも》らなきゃならない場もある。私が声をあげたことで、他の性犯罪被害者たちが嫌な思いをしてはならないのだから。そんなの、私もいやだ。

家族の反応は……。

兄から「AERA」を見た、とメールが来た。

兄は、小さい頃、私のことをとてもかわいがってくれた。写真を見ると、いつも近くに写っている。

成人してからは、あまり話をしなくなっていた。

口下手で、たまに話をすると、必ず喧嘩になる。

私と弟は、いつも兄を敵に回して、ご近所迷惑な大声で「深夜激論会」をしていた。

感情的に話をする私や弟に対して、兄は理論的に応戦してくる。

そんな兄に、私は事件のことをどう話していいのかわからず、両親から伝わるだろうと思っていた。

だから、前にも書いたが、兄には私の言葉で事件のことを伝えたことはない。

兄からのメールには、こんな言葉が。

時間が解決をするのではなく、時間が経って、「言えない」心理と「乗り越えた」心理が何かを導いてくれるんだろう。兄はあの時、何をやっていたのだろうか？一部始終を記事で初めて知った。いままで「誤解していた」。それは、美佳のせいじゃない。美佳の写真にも、清々《すがすが》しさがあった。

そして、最後は、

兄として謝る。あの時なにもできなくてごめん。でも、今は、小林美佳という等身大の女性を、これからも応援します。がんばろう！

と締めくくられていた。

弟は相変わらず、優しい。

「ＡＥＲＡ」を見て、

「姉ちゃん、体調は大丈夫？」

と心配してくれる。

テレビ番組の取材で、現場に行くときも、つき添ってくれた。

想像をすると怖い……。前日の夜は、怖くて眠れず、何度も弟とメールを交換した。

自分でも意外だったが、実際に現場に行ってみると、恐怖はあったものの、冷静に思い出すことができた。弟がいてくれてこその安心感もあったが。

私の記憶は、目隠しされた状態でのものなのだ。

耳と、鼻と、肌。

だから、前日まで想像していたときのほうが、私にとっては「リアル」な記憶なのだ。

七年も経って、そんなことに気がついた。

淡々と、当時の様子を案内している私を見て、弟が話した。

「凄いなぁ……。姉は、昔から、強い人なんです。僕でさえ、あの事件の後は、この駅を使うのをやめたんです。なんか辛いし悔しくて……。だからいまでももう一つの駅を使うようにしています」

知らなかった。

当時から頼っていた弟の気持ちさえ、分かっていなかった。

メディアに取り上げられることに対し、父には、

「恥知らず」

と言われ、母には、

「どうしてわざわざバラすの……」

と言われた。

相変わらずだなぁと感じていたが、ある日、母から、父が出張でいないから、泊まりに来てほしいと電話があり、実家に行った。

その晩、母と並んで寝た。

「私は、どうしても、美佳のやろうとしてることが、理解できないの」

と、母が話してきた。

「やろうとしてること？」

と、聞き返すと、

「母さんはね、事件のことを思い出したくないの。あんたは私たちのことを恨んでいるかもしれないけど、母さんね、もしもあんたが自殺なんかしちゃったら、お父さんたちには悪いけど、一緒に死のうって決めてたのよ。だって、わかってあげられないいんだもの……」

「大丈夫だよ。いま生きてるし、自殺する勇気なんてなかったよ。それにね、もし私が死ぬほど苦しかったとしても、母さんが死ぬことないよ、生きててほしいもん」

「うん、でもね、死んじゃう子だっているじゃない。父さんだって、ずっとそれを心配してたのよ。それに、あんたがどう思っていようと、母さんは、あんたが死んだら死ぬって決めてたの」

「なんで、あのときにそう言ってくれなかったの？」

「バカね、あのときのあんたの前で死ぬ話なんてできるわけないじゃない」

　母は続けた。

「女の子は、誰かと一緒に幸せになるまでは、自分のことなんて、隠してでも、精一杯良く見せていたほうが、楽だと思うのよ。美佳にもそうやって幸せになってほしい。だけど、わざわざ人前で自分が被害にあったことを話すのは、すごく遠回りをしているように見えて……どうして美佳はそんな生き方を選ぶの？」

　私は、初めて母の本心を聞いた。

　事件があった真夏の暑い中、母が近くの交番でスタンガンをもらおうとしたこと、それを危険だからと断られ、「防犯ブザーしか買えなかった」とブーブー言いながら帰ってきて、そのブザーを私にくれたことを思い出した。

この行動に、なぜ私は母の気持ちを感じ取れなかったのだろう。

何を感じ、母は交番に行ったのか。

母のような考えの人だからこそ、父には分からなくても、母である自分が分かってあげなくちゃ、と、一人で私のことを考えてくれていたのではないか。


私は、大事な機会を与えられ、メディアに取り上げられたことで、予想以上にたくさんの人の気持ちを知った。


伝えるということは、こんなに大切なことなのか……と思い知った。いま、やっと私は家族の気持ちを知った。

みんなが必死だったことを、私だけが辛かったわけじゃないことを。

身近だったからこそ、それぞれが必死で、衝突し、すれ違ってきた。

しかし、「伝える」ということで、周りに知ってもらい理解されることだけではなく、私自身、新たに気づき、知ることがたくさんあった。


被害者もまた、気づくべきなのかもしれない。

自分が思うほど、周りの人たちは冷たくなくて、どんな制度や法律より、親身に思ってくれるということに。

信じて頼ってもいいのかもしれない。

恥ずかしがることなんてなくて、話してみたら、どんな言葉が返ってきても、どんな結果になっても、そこがうまくいかなかったときのために、制度や法律があるのだから。

最後に伝えたいこと

二〇〇八年一月、私は転職し、法律相談にかかわることを辞めた。

理由を一口で説明するのは難しいが、ひとつには「区切り」がついたからだ。多くの被害者に会い、いまの日本の法制度のなかで、彼らがどう遇されるかが見えてきた。

時間的な余裕を持ち、私なりの活動がしたい、という気持ちが膨らんできた。

性犯罪は、立件率がとても低い。それが法律相談の仕事や、性犯罪被害者のネットワークから得た私の印象だ。

加害者が特定されても証拠不十分で「不起訴」のときもあれば、「事件性ナシ」で捜査さえされないこともある。

警察に届けても相手が顔見知りの場合、「痴話げんか」扱いされることが多い。ひどい場合は狂言扱い。

ある女性は合コンで知り合った男性に薬を飲まされ、レイプされたが、証拠不十分で捜査してもらえなかった。

「恥ずかしい」からと、被害届すら出せないケースも多い。

彼女に朝、無理やり……という男性。

いじめで、みんなの目の前で自慰行為をさせられた男の子。

一方、加害者の逮捕に至る事件もある。

初めてのデートで公園の芝生に座っていた男女。男性が「やらせろ」と女性の胸を触って押し倒し、強姦未遂で逮捕されている。

起訴され、刑事裁判になるものもある。

ホステスさんとお客。いわゆる〝同伴〟中に、客がホステスさんを脅かしてお気に入りのホテルに行った。本意ではなかったホステスさんは警察に届け、お客は強姦罪で起訴された。

これらの事件の違いは何なんだろう……。

担当する警察官や検事の個人的判断により、扱いが変わったりしないと信じたい。警察や検察のふるいにかけられないと、犯罪被害者と呼ばれないのだろうか。

そんなことはないはずだ。

私は、法によって裁かれることが、被害や加害を認め、正しく理解されることだとは思わない。

私の事件はといえば……。
二〇〇七年五月、地検から処分通知が届いた。
被疑者　不詳A1、不詳A2
罪名　「強姦未遂」
加害者が特定されなくても、地検から「不起訴」の連絡が来た。

それがなんだ。

私はレイプされたんだ。

犯人がどうであれ、私のダメージは変わらない。


当時もいまも、私は変わらずにそう思っている。


性犯罪の被害者を救えるものは何か。

まずは、周囲の理解。

被害者は、まず自分に向き合う時間を与えられなくては。

加害者を罰する前に、被害者が救われなくては。

そのために、制度や法律や機関が整っていかなくてはならない。

私にとって、

「シンちゃん」は、事件のときの私を「知っている人」。

りょうちゃんが、本当に「理解してくれる人」。

片山さんは、「気づいている人」。

カウンセラーは、「違和感をぬぐってくれる人」。

家族以外に、私はこんなに頼れる人たちに囲まれ、手を差し伸べられていた。変わらずにつき合ってくれている友人たちもいる。

周囲の理解だけでも、きっと性犯罪の被害者は救われるはずだ。少なくとも、私が求め、支えてくれたものは、制度や法律ではなく、周りの人たちだった。

理解を得るために、それぞれが伝え合わなくては。私たちは「理解したい」という気持ちを求めている。

でももしも被害者に　加害者になったとき
かろうじて出来ることは
相変わらず　性懲りもなく
愛すこと以外にない
タダタダダキアッテ　（ただただ抱き合って）

カタタキダキアッテ　（肩たたき抱き合って）
テヲトッテダキアッテ　（手をとって抱き合って）
タダタダタダ　（ただただただ）
タダタダタダ　（ただただただ）
タダタダキアッテイコウ　（ただただ抱き合っていこう）

Mr.Children　「タガタメ」より

小林美佳（こばやし・みか）
1975年生まれ。東京都出身。
大学卒業後、OLを経て司法書士事務所、弁護士会に就職。
司法書士事務所に勤務していた2000年8月、性犯罪事件に巻き込まれる。
その経験を踏まえ、性犯罪被害者自助グループ運営に携わるなど、
犯罪被害者支援を考える。

表紙撮影　齋門富士男
装丁　サイモンリョウコ
本文デザイン　遊佐一弥

性犯罪《せいはんざい》被害《ひがい》にあうということ

2008年4月30日　第1刷発行
2008年5月30日　第2刷発行

著　者　小林美佳

発行者　矢部万紀子
発行所　朝日新聞出版
〒104－8011　東京都中央区築地5－3－2
電話　03－5541－8832（編集）
　　　03－5540－7793（販売）
印刷製本　凸版印刷株式会社

© Mika Kobayashi 2008
Printed in Japan
ISBN978－4－02－250421－0
定価はカバーに表示してあります

落丁・乱丁の場合は弊社業務部（電話03－5540－7800）へご連絡ください。
送料弊社負担にてお取り替えいたします。

JASRAC出0800097－802